現在／過去／未来

JN048229

1 （　）内から適する語を選び，○で囲みなさい。　(3点×4)

(1) Aya likes English and she（ study, studies, studied ）it every day.

(2) Today, my father got up early and（ go, goes, went ）fishing.

(3) There（ was, are, were ）a lot of trees <u>around</u> here ten years ago.
　　　　　　　　　　　　　　　　　　　　　　　〜のあたりに

(4) I'm（ go, will, going ）to play tennis next Saturday.

2 日本文に合うように，（　）に適する語を入れなさい。　(6点×8)

(1) 私はこの前の日曜日，とても楽しい時を過ごしました。

　I（　　　　　　）a very good（　　　　　　）last Sunday.

(2) 健二はきのうの午後，図書館にいました。

　Kenji（　　　　　　）in the library（　　　　　　）afternoon.

(3) 私はこの夏，北海道へ行くつもりです。

　I'm（　　　　　　）（　　　　　　）go to Hokkaido this summer.

(4) 私は明日の朝，宿題をします。

　I（　　　　　　）（　　　　　　）my homework tomorrow morning.

3 〔　〕内の語句を使って，日本文の意味を表す英文を書きなさい。　(10点×4)

(1) 私たちは先週，とても忙しかったです。　〔 very, last week 〕

(2) ニック(Nick)には兄弟が2人います。　〔 two, brothers 〕

(3) 彼女はテニスがとてもじょうずです。　〔 tennis, very well 〕

(4) 昨夜は雨がたくさん降りました。　〔 we, a lot of 〕

得点UP
❸ (3)「彼女はとてもじょうずにテニスをします」と考える。
(4)「たくさんの雨」を a lot ofを使って表す。rain＝雨は数えられない名詞。

START ○━ ● ● ● ● ● ● ● ● ●○ GOAL

月　　　日

復習②

現在／過去／未来 〈疑問文・否定文〉

合格点：**80** 点／100 点

点

---

1 日本文に合うように，（　　）に適する語を入れなさい。　　　　(5点×8)

(1) あなたは今朝，新聞を読みましたか。

（　　　　　　　　）you（　　　　　　　　）the newspaper this morning?

(2) アメリカでの生活はどうでしたか。

（　　　　　　　）（　　　　　　　　　）your life in the U.S.?

(3) あなたの町には体育館はありますか。

（　　　　　　　）you（　　　　　　　　）a gym in your town?

(4) あなたは今日の午後，買い物に行くつもりですか。

（　　　　　　　　）you（　　　　　　　　）to go shopping this afternoon?

---

2 （　　）に適する語を入れて，会話文を完成しなさい。　　　　(6点×5)

(1) A : What did you buy at the store yesterday?

B : I（　　　　　　　　）a pencil and two notebooks.

(2) A : Were you at home at eight last night?

B : Yes,（　　　　　　）（　　　　　　　　）. I was reading a book.

(3) A : What are you going to do next Sunday?

B : I'm（　　　　　　）（　　　　　　　）visit my uncle.

---

3 日本文に合う英文になるように，（　　）内の語句を並べかえなさい。　　(10点×3)

(1) 彼は歩いて学校へ来たのですか。　（ school, walk, he, to, did ）

_____

(2) そのパーティーにはだれが来ますか。　（ the party, come, will, to, who ）

_____

(3) 健は先週東京にいませんでした。　Ken（ Tokyo, last, in, wasn't, week ）.

Ken _____.

得点UP

❶ (2)「どんな様子で」と状態や様子などを聞く疑問詞を使う。「でしたか」だから過去の疑問文。

❷ (1)過去のことを聞かれているので，**答えの文の動詞は過去形を使う**。

受け身の文

月　日

点

合格点：82 点／100 点

1 （　）内から適する語を選び，○で囲みなさい。　　　　　　　　　　　(6点×3)

(1) His poems are （love, loved, loving） by everyone.
　　　　詩

(2) These letters are （write, wrote, written） in English.

(3) This T-shirt is made （by, in, from） plastic bottles.

2 〔　〕内の語を適する形にして，（　）に入れなさい。　　　　　　　　(6点×4)

(1) Chinese is （　　　　　　） in China. 〔speak〕

(2) The store was （　　　　　　） last Sunday. 〔close〕

(3) A lot of people were （　　　　　　） to the party. 〔invite〕

(4) These shirts were （　　　　　　） in this factory. 〔make〕
　　　シャツ

3 日本文に合うように，（　）に適する語を入れなさい。　　　　　　　(7点×6)

(1) 英語は世界中で使われています。

　　English （　　　　　　） （　　　　　　） all over the world.

(2) これらの本は多くの人々に読まれています。

　　These books （　　　　　　） （　　　　　　） by many people.

(3) 私たちの学校は約50年前に建てられました。

　　Our school （　　　　　　） （　　　　　　） about 50 years ago.

4 日本文に合う英文になるように，（　）内の語句を並べかえなさい。　(8点×2)

(1) このケーキは私の母が作りました。

　　（ my mother, cake, by, made, this, was ）

(2) この物語はすべての人に知られています。

　　（ known, story, to, this, is, everyone ）

得点UP

3 (3) 「(建物を)建てる」は build。ここでは**過去分詞**を使う。

4 (1) 「このケーキは私の母によって作られました」という受け身の文を書く。

受け身の疑問文・否定文

月　　日

点

合格点：84 点／100 点

1 （　　）内から適する語を選び，○で囲みなさい。 (4点×3)

(1) （Do, Does, Is）this book read in your country?

(2) （Are, Were, Was）those letters written in the 1900s?

(3) This TV program（don't, doesn't, isn't）watched by young people.

2 日本文に合うように，（　　）に適する語を入れなさい。 (6点×7)

(1) ここでは英語が話されていますか。

（　　　　　　　）English（　　　　　　　）here?

(2) 岡先生は彼らに好かれませんでした。

Mr. Oka（　　　　　　）（　　　　　　）（　　　　　　）them.

(3) その都市は多くの人々が訪れますか。

Is the city（　　　　　　）（　　　　　　）many people?

3 （　　）に適する語を入れて，会話文を完成しなさい。 (6点×5)

(1) A：（　　　　　　）was this computer（　　　　　　）?

B：It was made in the U.S.

(2) A：What language is used when they communicate?

B：English（　　　　　　）usually（　　　　　　）.

(3) A：Is Japanese taught in your school?

B：Yes, it（　　　　　　）. It's very popular among the students.

4 〔　　〕内の語句を使って，日本文の意味を表す英文を書きなさい。 (8点×2)

(1) マイク(Mike)はクラスメートに愛されていますか。

〔loved, his classmates〕

_____

(2) その当時，コンピューターは使われていませんでした。

〔computers, in those days〕

_____

得点UP

2 (3)日本語は「〜しますか」だが，英語では the city が主語になっていることに注目。

3 (1)「このコンピューターはどこで作られたのですか。」

復習⑤

become, lookなどの文

1 （　）内から適する語を選び，○で囲みなさい。　　　　　　　　　　　（4点×4）

(1) Emily didn't（ get, come, become ）a doctor.

(2) The house（ is, looks, makes ）old, but it's new.

(3) Come back home before it（ looks, gets, takes ）dark.

(4) You（ look, do, make ）very tired.　Are you all right?

2 日本文に合うように，（　）に適する語を入れなさい。　　　　　　（8点×6）

(1) 絵美，今日はとてもうれしそうですね。

Emi, you（　　　　　　　）very happy today.

(2) 雨が降りそうです。かさを持って行きなさい。

It（　　　　　）（　　　　　　　）rain.　Take an umbrella with you.
　　　　　　　　　　　　　　　　　　　　　　　　かさ

(3) 武史はテニスが上手になりましたか。

Did Takeshi（　　　　　　　　）good at tennis?

(4) 今日は具合はどう？ ─ ずっと気分がいいです。

How do you feel today?　─I（　　　　　）much（　　　　　　　）.

3 日本文に合う英文になるように，（　）内の語を並べかえなさい。　（12点×3）

(1) これは何に見えますか。　　（ this, like, does, look, what ）

_____

(2) あなたがすぐによくなることを願っています。

I（ well, you, get, hope ）soon.

I _____ soon.

(3) 毎日だんだんと暖かくなってきています。

（ warmer, getting, it's, and, warmer ）every day.

_____ every day.

得点UP

2 (4) much のあとには well（健康な，元気な）の比較級が入る。

3 (3)〈比較級＋ and ＋比較級〉で「ますます〜」「だんだん〜」という意味を表す。

復習⑥

callなどの文

月　　日

点

合格点：**80** 点／100点

1 日本文に合うように，（　　）に適する語を入れなさい。　　(6点×8)

(1) 彼女の手紙はいつも私を幸せな気持ちにさせます。

Her letters always (　　　　　)(　　　　　) happy.

(2) あなたのお父さんは，家ではあなたを何と呼んでいるのですか。

What does your father (　　　　　)(　　　　　) at home?

(3) この川をきれいにしておかなければなりません。

You must (　　　　　) this river (　　　　　).

(4) ドアを開けっぱなしにしてはいけません。

Don't (　　　　　) the door (　　　　　).

2 日本文に合う英文になるように，（　　）内の語を並べかえなさい。　　(10点×3)

(1) この本は彼を有名にしました。　This (famous, book, made, him).

This _____ .

(2) 彼の名前は拓郎ですが，友達は彼をタクと呼んでいます。

His name is Takuro, but (friends, Taku, his, him, call).

His name is Takuro, but _____ .

(3) 久美は彼女の犬にベラという名前をつけました。

Kumi (dog, Bella, her, named).

Kumi _____ .

3 〔　　〕内の語句を使って，日本文の意味を表す英文を書きなさい。　　(11点×2)

(1) この花の名前は英語で何ですか。　〔 call, in English 〕

_____

(2) その知らせを聞いて私たちはうれしくなりました。　〔 the news, made 〕

_____

得点UP

1 (4)「…を〜のままにしておく」は，〈leave ＋ A ＋ B〉の形で表す。

3 (1)「〜の名前は何か」を，〈call ＋ A ＋ B〉の形を使って「〜を何と呼ぶか」と表す。

tell, showなどの文

1 日本文に合うように，（　　）に適する語を入れなさい。 (5点×8)

(1) あなたのスピーチは彼らに未来への希望を与えました。

Your speech （　　　　　）（　　　　　） hope for the future.
_{希望}　　　　　　　　　　　　　　　　　　　　　　　　_{未来}

(2) きみにハンバーガーをおごってあげるよ。

I'll （　　　　　）（　　　　　） a hamburger.

(3) パスポートを見せてください。— いいですよ。

（　　　　　）（　　　　　） your passport, please. — Sure.

(4) 私は彼女に彼女の国についてたくさんのことをたずねました。

I （　　　　　）（　　　　　） many things about her country.

2 日本文に合う英文になるように，（　　）内の語句を並べかえなさい。 (12点×3)

(1) 水を1杯持ってきて。 （water, of, me, glass, a, bring）

_____

(2) あなたにもう1つプレゼントをあげましょう。

I （present, you, give, will, another）.

I _____.

(3) 駅へ行く道を教えていただけますか。

（the way, me, you, tell, to, could） the station?

_____ the station?

3 〔　　〕内の語句を使って，日本文の意味を表す英文を書きなさい。 (12点×2)

(1) グリーン先生(Ms. Green)は私たちに英語を教えます。 〔teaches, English〕

_____

(2) あなたの写真を私に送ってください。 〔your picture, to〕

Please _____.

得点UP

1 (2)「私があなたにハンバーガーを買ってあげましょう」と考える。

3 (1)「私たちに英語を教える」は〈teach＋人＋物〉で表す。

まとめテスト①

1 （　　）内から適する語を選び，○で囲みなさい。　　(4点×4)

(1) This toy is (call, called, calling) *kendama* in Japanese.
おもちゃ

(2) This house is very old. When (was, does, did) it built?

(3) My mother made a big cake (for, to, from) me.

(4) Forests are (looking, going, becoming) deserts year by year.
森，森林　　　　　　　　　　　　　　　　　　　　　　砂漠　　　　　年々

2 日本文に合うように，（　　）に適する語を入れなさい。　　(6点×11)

(1) イングランドでは日本語は教えられていますか。

（　　　　　　　　）Japanese（　　　　　　　）in England?

(2) だれがそのパーティーに招待されたのですか。

Who（　　　　　　　）（　　　　　　　）to the party?

(3) この公園はたくさんの人が訪れます。

This park is（　　　　　　）（　　　　　　）many people.

(4) その女の子はお母さんに似ています。

The girl（　　　　　　）（　　　　　　）her mother.

(5) その少年はメジャーリーガーになろうと決心しました。

The boy decided to（　　　　　　）a major leaguer.
決心した　　　　　　　　　　　　　　　　大リーグの選手

(6) この料理は見た目は悪いですが，おいしいです。

This food（　　　　　　）（　　　　　　　）, but it tastes good.
味がする

3 〔　　〕内の語句を使って，日本文の意味を表す英文を書きなさい。　(9点×2)

(1) このゲームはたくさんの子どもたちに愛されています。

〔 loved, many children 〕

_____

(2) その賞で彼はとても有名になりました。　〔 the prize, him 〕
賞

_____

「継続」を表す現在完了形

1 （　　）内から適する語を選び，○で囲みなさい。 (4点×4)

(1) We have (live, living, lived) in Japan for nine years.

(2) Mr. Brown has (work, worked, working) there since last year.

(3) I have known Jane (for, since, by) 2017.

(4) She (is, was, has) studied Chinese for two years.

2 日本文に合うように，（　　）に適する語を入れなさい。 (6点×8)

(1) 私は3年間英語を勉強してきました。

I (　　　　　) (　　　　　　) English for three years.

(2) 彼は何年もこの机を使ってきました。

He (　　　　　) (　　　　　　) this desk for many years.

(3) 私の妹は長い間犬をほしがっています。

My sister has (　　　　　) a dog (　　　　　　) a long time.

(4) 私は5歳のときからずっとボブと知り合いです。

I've (　　　　　) Bob (　　　　　　) I was five.

3 日本文に合う英文になるように，（　　）内の語句を並べかえなさい。 (12点×3)

(1) 健二は10年間東京に住んでいます。

Kenji (lived, for, in Tokyo, has) ten years.

Kenji _____ ten years.

(2) きのうからくもっています。　It (cloudy, since, been, has, yesterday).

It _____ .

(3) 私は長い間この本がほしかったのです。

I (this, have, wanted, for, book) a long time.

I _____ a long time.

得点UP
3 (1)「10年間（ずっと）東京に住んでいる」。→「〜の間」は for 〜を使う。
(2)「きのうから（ずっと）くもっている」。→「〜から」は since 〜を使う。

「継続」の疑問文・否定文

1 （　）内から適する語を選び，〇で囲みなさい。　　　　　　（4点×4）

(1) （Does, Did, Has）he stayed here for two weeks?

(2) Have you（use, used, using）this bike since you were a child?

(3) （Did, Were, Have）you worked at this store for long?
　　　　　　　　　　　　　　　　　　　　　　　長い間

(4) I（don't, didn't, haven't）cleaned my room since last Sunday.

2 日本文に合うように，（　）に適する語を入れなさい。　　（5点×12）

(1) あなたはずっと前からジムを知っているのですか。― いいえ。初めて会いました。

（　　　　　　　）you（　　　　　　　　）Jim for a long time?

　― No, I（　　　　　　　　）. I just met him for the first time.

(2) 彼はどれくらいここに住んでいるのですか。― 10年以上です。

（　　　　　　）（　　　　　　　）（　　　　　　　　）he lived here?

　―（　　　　　　　）more than ten years.
　　　　　　　　　~以上

(3) お久しぶりですね。

I（　　　　　　　）seen you（　　　　　　）a long time.

(4) あなたはいつからその犬をほしがっていたのですか。

How（　　　　　　　）（　　　　　　　）you（　　　　　　　）the dog?

3 日本文に合う英文になるように，（　）内の語句を並べかえなさい。　（12点×2）

(1) 私は先週からこのスマートフォンは使っていません。

I（this smartphone, not, used, have）since last week.

I _____ since last week.

(2) 彼女はどのくらいの間バイオリンをひいてきたのですか。

（long, she, has, how, played）the violin?

_____ the violin?

得点UP

2 (3)継続を表す現在完了形の否定文を使って，「私は長い間あなたにお会いしていませんね」と表現する。
　　 (4)「いつから」は「どれくらい（の間）」と同じ表現になる。

1 日本文に合うように，（　　）に適する語を入れなさい。　(6点×10)

(1) 私たちは今朝早くからずっとここにいます。

We (　　　　) (　　　　　　) here since early this morning.

(2) 今週はずっとくもっています。

It (　　　　) (　　　　　　) cloudy this week.

(3) あなたはきのうからずっと忙しいのですか。— はい，そうです。

(　　　　　) you (　　　　　) busy since yesterday?

— Yes, I (　　　　).

(4) 由紀は昨夜からずっとどこにいるのですか。— 自分の部屋にいます。

Where (　　　　) Yuki (　　　　　) since last night?

— She (　　　　) been in her room.

2 日本文に合う英文になるように，（　　）内の語を並べかえなさい。　(10点×2)

(1) 私のおじは先月からずっと病気です。

My uncle (sick, month, been, last, since, has).

My uncle _____.

(2) あなたはいつからここにいるのですか。

(you, here, long, been, have, how)

_____

3 〔　　〕内の語句を使って，日本文の意味を表す英文を書きなさい。　(10点×2)

(1) 1週間ずっと天気が良いです。　〔 the weather, a week 〕

_____

(2) あなたは今朝からずっと公園にいるのですか。　〔 been, this morning 〕

_____

得点UP

3 どちらも be 動詞の文。現在完了形では have[has]のあとに be 動詞の過去分詞を使う。
(2)は現在完了形の疑問文で表す。

「経験」を表す現在完了形

合格点：**80**点／100点

1 〔　〕内の語を適する形にして，（　）に入れなさい。　(6点×4)

(1) I have （　　　　　　　） *okonomiyaki* many times. 〔make〕

(2) Josh has （　　　　　　　） *shogi* before. 〔play〕

(3) My mother has （　　　　　　　） this computer once. 〔use〕

(4) He has （　　　　　　　） to Bill twice. 〔write〕

2 日本文に合うように，（　）に適する語を入れなさい。　(4点×13)

(1) 私は金沢を何回も訪れたことがあります。

I （　　　　　　） （　　　　　　　　） Kanazawa many times.

(2) マイクは日本の祭りについて勉強したことがあります。

Mike （　　　　　　） （　　　　　　　　） about Japanese festivals.
　　　　　　　　　　　　　　　　　　　　　　　　　　　　　祭り

(3) 私は1度その絵を見たことがあります。

I （　　　　　　） （　　　　　　　　） the picture （　　　　　　　）.

(4) 私たちはしばしばその公園でサッカーをしたことがあります。

We （　　　　　　） often （　　　　　　） soccer in the park.

(5) 彼はパンダについての本を2，3冊読んだことがあります。

He （　　　　　　） （　　　　　　　　） a few books about pandas.

(6) 私はその計画について以前聞いたことがあります。

（　　　　　　） （　　　　　　　　） about the plan before.

3 日本文に合う英文になるように，（　）内の語句を並べかえなさい。　(12点×2)

(1) 私は富士山に2回登ったことがあります。

I （climbed, twice, have, Mt. Fuji）.

I _____.

(2) エレンは以前その歌を歌ったことがあります。

Ellen （before, sung, has, the song）.

Ellen _____.

得点UP

3 いずれも「～したことがある」という文。「経験」の意味を表す現在完了形の文にする。
(2) sung は sing（歌う）の過去分詞。

START ○────○────○────────────────────●──── GOAL

「経験」の疑問文・否定文

1 日本文に合うように，（　　）に適する語を入れなさい。　　　　(4点×10)

(1) あなたは父親に手紙を書いたことがありますか。

（　　　　　　　）you ever（　　　　　　　）a letter to your father?

(2) 私は富士山に登ったことは1度もありません。

I（　　　　　　）（　　　　　　　）（　　　　　　　）Mt. Fuji.

(3) 健太は今までに柔道を習ったことがありますか。

（　　　　　　　）Kenta（　　　　　　　）（　　　　　　　）judo?

(4) 私はこれまでこんな美しい鳥を1度も見たことがありません。

（　　　　　　　）never（　　　　　　　）such a beautiful bird.

2 （　　）に適する語を入れて，会話文を完成しなさい。　　　　(9点×4)

(1) A : Have you ever played chess?
　　　　　　　　　　　　　　チェス

　　B :（　　　　　　　）, I（　　　　　　　）. I want to play it someday.
　　　　　　　　　　　　　　　　　　　　　　　　　　　　　　　　いつか

(2) A :（　　　　　　　）many times（　　　　　　　）you read that book?

　　B : I've read it three times.

3 日本文に合う英文になるように，（　　）内の語句を並べかえなさい。　(12点×2)

(1) あなたは町をきれいにするために何かをしたことはありますか。

（ you, anything, done, to, have, ever, clean up ）your town?

_____ your town?

(2) 彼女は日本を何回訪れたことがありますか。

（ many times, visited, she, how, has ）Japan?

_____ Japan?

得点UP

1 (4)空所の数に注意。現在完了形の〈主語＋have[has]〉は，**短縮形でもよく用いられる。**

2 (2)「3回読んだことがあります」と答えているので，**「何回読んだことがありますか」**と回数をたずねる疑問文にする。

現在完了形・現在完了進行形⑥

have been to ～ 〈経験〉

月　　日

点

合格点: **84** 点／100点

1 日本文に合うように，（　　）に適する語を入れなさい。　　　　(6点×11)

(1) 私は何度も真理の家に行ったことがあります。

I（　　　　　　）（　　　　　　　　） to Mari's house many times.

(2) 私は1度も沖縄へ行ったことがありません。

I（　　　　　　） never（　　　　　　　）（　　　　　　　） Okinawa.

(3) あなたは外国へ行ったことがありますか。

— はい，あります。私はカナダに2度行ったことがあります。

（　　　　　　　） you ever（　　　　　　） to a foreign country?

— Yes, I（　　　　　　）. I've（　　　　　　） to Canada twice.

(4) メグは何回中国へ行ったことがありますか。

How many（　　　　　　） has Meg（　　　　　　） to China?

2 会話文が完成するように，（　　）に適する文の記号を○で囲みなさい。　(8点)

Yuki: I'm going to Kyoto next week.

Mike: That's great!　　　　　　　　ア　When did you go there

Yuki: （　　　　　　　）, Mike?　　イ　How did you go there

Mike: Yes, but only once.　　　　ウ　Have you ever been there

3 日本文に合う英文になるように，（　　）内の語句を並べかえなさい。(13点×2)

(1) 私は以前その町へ行ったことがあります。

I（to, been, have, the town）before.

I _____ before.

(2) 私の父は1度もディズニーランドへ行ったことがありません。

My father（to, never, has, been）Disneyland.

My father _____ Disneyland.

得点UP

❶ 「～へ行ったことがある」は，ふつう be 動詞の過去分詞を使って表す。

❷ マイクの最後の答えの文は，「はい。でもたった1回です」の意味。

現在完了形・現在完了進行形⑦

「完了」を表す現在完了形

合格点：**80** 点／100点

1 （　）内から適する語を選び，○で囲みなさい。 (4点×3)

(1) I have just (write, wrote, written) my report.

(2) The train has already (leave, left, leaving).

(3) They have (doing, did, done) their work.

2 日本文に合うように，（　）に適する語を入れなさい。 (6点×10)

(1) 私はもう宿題を終えてしまいました。

I （　　　　　） （　　　　　） （　　　　　） my homework.

(2) 私の母はちょうどクッキーを作ったところです。

My mother （　　　　　） （　　　　　） （　　　　　） cookies.

(3) 私たちはもう教室をそうじしてしまいました。

We （　　　　　） already （　　　　　） our classroom.

(4) 慎二はちょうど図書館へ行ってきたところです。

Shinji （　　　　　） just （　　　　　） to the library.

3 日本文に合う英文になるように，（　）内の語を並べかえなさい。 (8点)

そのバスはここに到着したばかりです。

The bus (here, arrived, just, has).

The bus ＿＿＿＿＿＿＿＿＿＿＿＿＿＿＿＿＿＿ .

4 〔　〕内の語句を使って，日本文の意味を表す英文を書きなさい。 (10点×2)

(1) 私たちはちょうど昼食を食べたところです。 〔 just, eaten 〕

(2) 父はもうすでに食器を洗ってしまいました。 〔 already, the dishes 〕

得点UP

2 (4)「～へ行ってきたところだ」と「完了」を表すには，be 動詞の過去分詞を使う。

3 「到着したばかり」は，「ちょうど到着したところだ」と同じで，現在完了形で表す。

「完了」の疑問文・否定文

1 日本文に合うように，（　　）に適する語を入れなさい。 (4点×12)

(1) あなたはもうその本を買いましたか。

（　　　　　　　　） you（　　　　　　　　） the book（　　　　　　　　）?

(2) 私はまだ部屋をそうじしていません。

I（　　　　　　　）（　　　　　　　　） my room（　　　　　　　　）.

(3) 電車はもう出発しましたか。 ― いや，まだです。

（　　　　　　　　） the train left（　　　　　　　）?

― No, not（　　　　　　　）.

(4) 彼はまだ顔を洗っていません。

He（　　　　　　）（　　　　　　　　） his face（　　　　　　　　）.

2 （　　）に適する語を入れて，会話文を完成しなさい。 (5点×6)

(1) *A*：Have you written the letter to your friend, Jiro?

B：（　　　　　　　）, I（　　　　　　　）. I'll write it tomorrow.

(2) *A*：Are you still reading the magazine?

B：No. I（　　　　　　　） already（　　　　　　　　） it.

(3) *A*：Have you finished your homework yet?

B：（　　　　　　　）, I（　　　　　　　）. I can go out now.

3 日本文に合う英文になるように，（　　）内の語句を並べかえなさい。 (11点×2)

(1) 宿題はもうすみましたか。

(homework, you, your, done, yet, have)

_____

(2) 彼はまだその知らせを聞いていません。

(the news, not, heard, has, yet, he)

_____

得点UP

2 (1)Bは「明日それを書くつもりだ」と言っているので，まだ手紙を書いていないと判断する。
(3)Bは「もう出かけられます」と言っているので，宿題はもう終わったと判断する。

1 （　　）内から適する語句を選び，○で囲みなさい。　　(5点×4)

(1) I've been (practiced, practicing) the piano since this morning.

(2) Mika has been (made, making) dinner since she got home.

(3) Have you (ran, running, been running) for two hours?

(4) I've (known, knowing, been knowing) Aya for five years.

2 日本文に合うように，（　　）に適する語を入れなさい。　　(6点×7)

(1) 私は長い間ずっとあなたを待っています。

　　I've (　　　　　　) (　　　　　　　　) for you for a long time.

(2) 今朝からずっと雨が降り続いています。

　　It (　　　　　) (　　　　　　) (　　　　　　　) since this morning.

(3) 最近はずっと気分がよくありません。

　　I (　　　　　　) (　　　　　　　　) feeling well recently.

3 （　　）に適する語を入れて，会話文を完成しなさい。　　(9点×2)

A : Look! Yuka is studying. She was also studying when I saw her six hours ago.

B : You mean she has (　　　　　　) (　　　　　　　) for six hours? She must be tired.

4 〔　　〕内の語を使って，日本文の意味を表す英文を書きなさい。　　(10点×2)

(1) 由美(Yumi)は３時間ずっとテレビを見ています。〔 watching, hours 〕

_____

(2) 彼はどのくらいの間泳ぎ続けているのですか。〔 long, swimming 〕

_____

得点 UP

1 (4) know は「知っている」という状態を表す動詞。
3 6 時間前に勉強していて，今もまだ勉強しているという状況を現在完了進行形で表現する。

まとめテスト②

1 （　　）内から適する語を選び，○で囲みなさい。　　(5点×5)

(1) Ms. Green has (lives, lived, living) in Japan since last year.

(2) Have you ever (wrote, written, writing) a letter in English?

(3) Ben has been (run, ran, running) since this morning.

(4) (Do, Did, Have) you eaten lunch yet?

　　— No, not (already, yet, still).

2 〔　　〕内の語を適する形にして，（　　）に入れなさい。　　(7点×3)

(1) Have you ever (　　　　　　　) about Mother Teresa? 〔hear〕
　　　　　　　　　　　　　　マザー・テレサ

(2) We have (　　　　　　　) him for five years. 〔know〕

(3) I've already (　　　　　　　) my work. 〔do〕

3 日本文に合う英文になるように，（　　）内の語句を並べかえなさい。　　(8点×3)

(1) 彼女はいつから病気ですか。　How (she, has, long, sick, been)?

　　How _____?

(2) ジムは昼からずっとテレビゲームをしています。

　　Jim (been, video games, playing, since, has, noon).

　　Jim _____.

(3) こんなにおいしいオレンジを食べたことがありません。

　　I (never, such, had, have, good) oranges.

　　I _____ oranges.

4 〔　　〕内の語句を使って，日本文の意味を表す英文を書きなさい。　　(10点×3)

(1) 長い間会いませんでしたね。　〔I, seen, long time〕

　　_____

(2) あなたは今までにカナダに行ったことがありますか。　〔ever, been〕

　　_____

(3) 宿題はもう終わりましたか。　〔you, finished, yet〕

　　_____

不定詞・動名詞

月　　日

点

合格点：86点／100点

1 （　　）内から適する語を選び，○で囲みなさい。　　　　　　（3点×3）

(1) Ken likes (play, plays, playing) soccer very much.

(2) My sister wanted to (go, went, going) to the amusement park.　遊園地

(3) I came home early (for, to, by) watch a movie on TV.

2 日本文に合うように，（　　）に適する語を入れなさい。　　　　（7点×10）

(1) 彼は3年前に英語を勉強し始めました。

He began (　　　　　　) (　　　　　　　　) English three years ago.

(2) 私たちは彼らを助けるために何かをしなければなりません。

We must do something (　　　　　　) (　　　　　　) them.

(3) 私はそこでたくさんのごみを見て悲しく思いました。

I was sad (　　　　　　) (　　　　　　　) a lot of garbage there.

(4) 私はパーティーに着ていくものが何もありませんでした。

I had nothing (　　　　　　) (　　　　　) to the party.

(5) 京都には見物する場所がたくさんあります。

Kyoto has a lot of (　　　　　　) (　　　　　) see.

3 日本文に合う英文になるように，（　　）内の語を並べかえなさい。　（7点×3）

(1) 私は音楽を聞くのをやめました。　(music, listening, stopped, I, to)

_____

(2) あなたは将来何になりたいですか。

(you, what, want, be, do, to) in the future?　将来

_____ in the future?

(3) 私はその知らせを聞いてとてもうれしかった。

I (happy, hear, was, news, to, the, very).

I _____.

得点UP

2 (4) nothing を後ろから〈to ＋動詞の原形〉が修飾する形。
3 (2) be は be 動詞の原形で，ここでは「～になる」の意味で使われている。

START ○──○──○──○───────────────────────── GOAL

不定詞②

疑問詞＋to 〜

月　　日

点

合格点：80 点／100 点

1 日本文に合うように，（　　）に適する語を入れなさい。　(6点×10)

(1) 私の父は私に将棋のしかたを教えてくれました。

My father taught me （　　　　　　）（　　　　　　　　） play *shogi*.

(2) どこでその本を買えばよいのか私に教えてください。

Please tell me （　　　　　　）（　　　　　　　） buy the book.

(3) 私は何をすればよいのかわかりませんでした。

I didn't know （　　　　　　）（　　　　　　） do.

(4) 彼らはいつそれを使ったらいいのか知りません。

They don't know （　　　　　　）（　　　　　　） use it.

(5) あなたはピザの作り方を知っていますか。

Do you know （　　　　　　）（　　　　　　） make pizza?

2 日本文に合う英文になるように，（　　）内の語を並べかえなさい。　(10点×2)

(1) あなたは病院への行き方がわかりますか。

(you, know, to, get, do, to, how) the hospital?

_____ the hospital?

(2) 私は何について話したらよいのかわかりませんでした。

I (know, about, what, didn't, talk, to).

I _____ .

3 〔　　〕内の語句を使って，日本文の意味を表す英文を書きなさい。　(10点×2)

(1) 彼女はEメールの送り方がわかりません。　〔 know, to send 〕

_____

(2) どこに行けばよいか教えてくれますか。　〔 can you, to go 〕

_____

得点UP

2 (2)「何を〜したらよいか」は what to 〜。「〜について話す」は talk about 〜。

3 (1)「〜のしかた」は how to 〜。(2)「どこで〜すればよいか」は where to 〜。

It … (for —) to ~.

1 （　）内から適する語を選び，○で囲みなさい。　　　(4点×3)

(1) It is important (on, to, for) you to help your mother.

(2) (This, It, That) is a lot of fun to play soccer.

(3) It's exciting for (they, their, them) to speak English.

2 日本文に合うように，（　）に適する語を入れなさい。　　　(6点×8)

(1) ボブには漢字を書くことは難しかった。

It was difficult (　　　　　) Bob (　　　　　　) write *kanji*.

(2) そんなに早く起きるのは私には困難です。

(　　　　　　) hard for me (　　　　　) get up so early.

(3) 長時間テレビを見ることはよくありません。

It isn't good (　　　　　)(　　　　　　) TV for a long time.

(4) そのカフェを見つけるのはたやすいですか。

Is it easy (　　　　　)(　　　　　　) the cafe?

3 日本文に合う英文になるように，（　）内の語を並べかえなさい。　　　(12点)

きみならその質問に簡単に答えられますよ。

It (answer, be, easy, for, to, you, will) the question.

It _____ the question.

4 〔　〕内の語句を使って，日本文の意味を表す英文を書きなさい。　　　(14点×2)

(1) インターネットを使うことはおもしろい。　〔 it, the internet 〕

_____

(2) その詩を理解することは私には難しかったです。　〔 it, the poem 〕

_____

得点UP

③ 「その質問に答えるのはあなたにとってやさしいでしょう」と考える。

④ いずれも it で文を始める。(2)過去の文であることに注意。

不定詞④

want … to 〜

月　　日

点

合格点：**77** 点／100点

1 （　　）内から適するものを選び，○で囲みなさい。　　　　　　　　　(4点×3)

(1) My father asked me (wash, washing, to wash) his car.

(2) Ms. Green wants (we, our, us) to study much harder.

(3) Did you tell him (reads, to read, reading) the book?

2 日本文に合うように，（　　）に適する語を入れなさい。　　　　　(5点×10)

(1) 彼に早く来るように言ってください。

　　Please tell (　　　　　　) (　　　　　　) (　　　　　　) early.

(2) 真理は私に写真を撮ってもらいたかったのですか。

　　Did Mari (　　　　　　) me (　　　　　　) take her picture?

(3) 私たちは彼女にピアノをひいてくれるようにたのみました。

　　We (　　　　　　) (　　　　　　) (　　　　　　) play the piano.

(4) 彼は私に窓を開けないように言いました。

　　He told me (　　　　　　) (　　　　　　) open the window.

3 日本文に合う英文になるように，（　　）内の語を並べかえなさい。　(10点)

　　私はあなたにそこへ行ってもらいたいのです。

　　(go, I, you, to, want, there)

―――――――――――――――――――――――――――――

4 〔　　〕内の語句を使って，日本文の意味を表す英文を書きなさい。　(14点×2)

(1) 洋子(Yoko)は私にその部屋をそうじするように言いました。

　　〔 told, clean the room 〕

―――――――――――――――――――――――――――――

(2) 私は彼にもっとゆっくり話してくれるようたのみました。

　　〔 asked, more slowly 〕

―――――――――――――――――――――――――――――

得点UP

2 (4)不定詞を否定して「〜しないように」の意味を表すときは，**不定詞の前に not** をおく。

4 (2)「…に〜するようにたのむ」は **ask … to 〜**と表す。

不定詞⑤

too … (for —) to ～ など

1 （　）内から適する語句を選び，○で囲みなさい。　　　(6点×2)

(1) This milk is (so, too, more) hot to drink.

(2) Have you watched this movie?

　　— Not yet. I've been too busy (watch, watched, to watch) movies.

2 日本文に合うように，（　）に適する語を入れなさい。　　　(7点×8)

(1) 私は疲れすぎていて歩けません。

　　I'm （　　　　　） tired （　　　　　） walk.

(2) きのうは泳ぐには寒すぎました。

　　It was （　　　　） cold （　　　　　） swim yesterday.

(3) このかばんはあなたが運ぶには大きすぎます。

　　This bag is （　　　　　） big （　　　　　） you to carry.

(4) 彼女は親切にも私を手伝ってくれました。

　　She was kind （　　　　　） （　　　　　） help me.

3 日本文に合う英文になるように，（　）内の語句を並べかえなさい。　(8点)

　　この本は難しすぎて私の弟は読めません。

　　(difficult, my brother, book, to, this, is, for, too, read)

4 〔　〕内の語句を使って，日本文の意味を表す英文を書きなさい。　(12点×2)

(1) きのうは忙しすぎてテレビが見られませんでした。 〔I, too busy〕

(2) 祖父は年をとりすぎていて自分の身の回りのことができません。

　　〔too old, take care of〕

得点UP
2 (4)不定詞の前に〈形容詞＋enough〉がついて，「～するのに十分…」の意味を表す。
4 (2)「自分の身の回りのことをする」は take care of oneself で表す。

let, helpなどの文

1 （　）内から適する語句を選び，○で囲みなさい。　　　　　(4点×4)

(1) Please let me (go, going, to go) there alone.

(2) They made me (wait, waiting, to wait) for a long time.

(3) Can you (ask, help, tell) me carry the books?

(4) Excuse me. How much is this?

　　 ― (Do, Let, Take) me check.

2 日本文に合うように，（　）に適する語を入れなさい。　　　　(6点×8)

(1) まずは私の妹を紹介させてください。

　　 First, （　　　　　　　） me introduce my sister.

(2) 由美はお父さんが車を洗うのを手伝いました。

　　 Yumi （　　　　　　　） her father （　　　　　　） his car.

(3) 母は私をそのコンサートに行かせてくれました。

　　 My mother （　　　　　　　） me （　　　　　　） to the concert.

(4) 私がいくつか例をお見せしましょう。

　　 （　　　　　　　） me （　　　　　　　） you some examples.

(5) 私が浴室をそうじするのを手伝ってくれませんか。

　　 Can you help （　　　　　　　） clean the bathroom?

3 〔　〕内の語句を使って，日本文の意味を表す英文を書きなさい。　(12点×3)

(1) 私に挑戦させて。〔let, try〕

(2) 健(Ken)は私がこの箱を運ぶのを手伝ってくれました。〔helped, carry〕

(3) その大雨のせいで私は家にいるしかありませんでした。〔made, stay home〕

得点UP

2 (3)「私がそのコンサートに行くのを許してくれた」という文にする。

3 (3)「その大雨は私を家にいさせた」という文にする。

まとめテスト③

1 日本文に合うように，（　　）に適する語を入れなさい。　　(5点×10)

(1) あなたに見せたい写真があります。

I have a picture （　　　　　　）（　　　　　　） you.

(2) 私は何か温かい飲み物がほしいです。

I want （　　　　　） hot （　　　　　） drink.

(3) 私は何をすればよいのかわかりません。

I don't know （　　　　　）（　　　　　） do.

(4) あなたがたは本をたくさん読むことが大切です。

It's important （　　　　　） you （　　　　　　） read many books.

(5) 私は疲れすぎていてこれ以上歩けません。

I'm （　　　　　） tired （　　　　　　） walk any more.

2 意味の通る英文になるように，（　　）内の語を並べかえなさい。　　(8点×3)

(1) Bob speaks too fast. I （ speak, him, slowly, to, more, want ）.

I _____.

(2) My brother （ young, drive, to, too, is ） a car.

My brother _____ a car.

(3) This box is so heavy. Can （ help, you, carry, me, it ）?

Can _____?

3 〔　　〕内の語句を使って，日本文の意味を表す英文を書きなさい。　　(13点×2)

(1) 私はあなたにパーティーに来てもらいたいのです。　〔 want, the party 〕

_____

(2) 自己紹介をさせてください。　〔 let, introduce 〕

_____

後置修飾①

名詞を修飾するing形

合格点: **72**点／100点

月　　日

点

1 （　　）内から適する語を選び，○で囲みなさい。　　　　(4点×3)

(1) A：Which boy is Bill?

B：He's the boy (stands, stood, standing) under the tree.

(2) Sayaka has an uncle (lives, lived, living) in London.

(3) Look at that girl (run, ran, running) over there.

2 日本文に合うように，（　　）に適する語を入れなさい。　　　　(8点×8)

(1) キャシーは由美の家に滞在しているアメリカ人の生徒です。

Cathy is an American student (　　　　　　　) at Yumi's house.

(2) むこうでテニスをしている少年は健二です。

The boy (　　　　　　) tennis over there is Kenji.

(3) あなたがたは公園をそうじしている子どもたちを見ましたか。

Did you see the (　　　　　) (　　　　　　) the park?

(4) あの眠っているネコは花子のです。

That (　　　　　) (　　　　　　) is Hanako's.

(5) 今ピアノをひいている女の子を知っていますか。

Do you know the (　　　　　) (　　　　　　) the piano now?

3 日本文に合う英文になるように，（　　）内の語句を並べかえなさい。　　　　(12点×2)

(1) ブラウン先生と話しているあの女の子はだれですか。

Who is (Mr. Brown, talking, girl, with, that)?

Who is _____?

(2) テレビでサッカーを見ている少年は私の弟です。

The boy (soccer, my brother, TV, is, watching, on).

The boy _____.

得点UP

❷ 「～している」の意味で名詞を修飾するときは動詞の ing 形を使い，この ing 形を現在分詞と言う。現在分詞と修飾する名詞との位置関係は，現在分詞があとに語句を伴うか，単独で使われるかで異なる。

1 （　）内から適する語を選び，○で囲みなさい。 (5点×3)

(1) These are pictures （take, took, taken） by my brother.

(2) Do you know the tower （calling, called, calls） *Tsutenkaku*?

(3) This is a computer （uses, used, using） in many countries.

2 日本文に合うように，（　）に適する語を入れなさい。 (7点×7)

(1) 私たちは父が料理した夕食を楽しみました。

We enjoyed the dinner （　　　　　）（　　　　　） my father.

(2) 私のおじはイタリア製の車を持っています。

My uncle has a car （　　　　　）（　　　　　） Italy.

(3) あなたは漱石が書いた本を読んだことがありますか。

Have you ever read any books （　　　　　） by Soseki?

(4) ドアの近くにこわれたいすがあります。

There is a （　　　　　）（　　　　　） by the door.

3 日本文に合う英文になるように，（　）内の語句を並べかえなさい。 (12点×3)

(1) 私たちは約50年前に建てられたホテルに滞在しました。

We （a hotel, built, at, about, stayed） fifty years ago.

We ＿＿＿＿＿＿＿＿＿＿＿＿＿＿＿＿ fifty years ago.

(2) 私の姉は英語で書かれた手紙を受け取りました。

My sister （a letter, English, written, got, in）.

My sister ＿＿＿＿＿＿＿＿＿＿＿＿＿＿＿.

(3) 美紀(Miki)がかいたその絵は有名になりました。

（by, the picture, Miki, became, drawn） famous.

＿＿＿＿＿＿＿＿＿＿＿＿＿＿＿＿ famous.

得点UP

2 (2)「イタリア製の車」は「イタリアで**作られた**車」と考える。

(4)過去分詞が単独で名詞を修飾する形の文。「〜をこわす」は break。

名詞を修飾する〈主語＋動詞〉

月　日

点

合格点：**77** 点／100点

1 日本文に合うように，（　　）に適する語を入れなさい。　　(6点×4)

(1) これが私のいちばん好きな絵です。

This is the picture （　　　　　　）（　　　　　　） the best.

(2) 彼女が私にくれたかばんはとても役に立ちます。

The bag （　　　　　　）（　　　　　　　） me is very useful.

2 次の2文を1文で表すとき，（　　）に適する語を入れなさい。　　(6点×5)

(1) This is a letter. Mike wrote it.

This is a （　　　　　　）（　　　　　　）（　　　　　　）.

(2) I read a book yesterday. It was interesting.

The book （　　　　　　）（　　　　　　） yesterday was interesting.

3 日本文に合う英文になるように，（　　）内の語句を並べかえなさい。　　(11点×2)

(1) 私があなたにしてあげられることは何かありますか。

Is there （ can, I, anything, you, do, for ）?

Is there _____?

(2) あなたが通りで見た少女は直美です。

（ the street, saw, the girl, you, on, is ） Naomi.

_____ Naomi.

4 〔　　〕内の語句を使って，日本文の意味を表す英文を書きなさい。　　(12点×2)

(1) これが私がきのう買ったラケットです。　〔 the racket, yesterday 〕

(2) 私が訪れたい場所は沖縄です。　〔 the place, want to visit 〕

_____

得点UP

2 (2)「私がきのう読んだ本はおもしろかった」という意味の1文にする。

4 (2)「私が訪れたい場所」が主語の文を作る。the place（場所）を〈主語＋動詞〜〉が後ろから修飾する形。

後置修飾

まとめテスト④

1 〔　　〕内の語を適する形にして，（　　）に入れなさい。　　　　(4点×4)

(1) What are the languages (　　　　　　　) in Canada? 〔speak〕

(2) Do you know the boy (　　　　　　　) on the bench? 〔sit〕

(3) The girl (　　　　　　) with Ellen is my sister. 〔talk〕

(4) I bought a book (　　　　　　) in English. 〔write〕

2 日本文に合うように，（　　）に適する語を入れなさい。　　　　(6点×8)

(1) 私にはオーストラリアに住んでいる友達がいます。

I have a friend (　　　　　　　) in Australia.

(2) 健太がこわしたカメラはあなたのですか。

Is the camera (　　　　　　)(　　　　　　　) Kenta yours?

(3) 私は彼がカナダで撮った写真を見ました。

I saw photos (　　　　　　)(　　　　　　) in Canada.

(4) 私がきのう会った男性は忙しそうでした。

The man (　　　　　　)(　　　　　　　)(　　　　　　　) looked busy.

3 日本文に合う英文になるように，（　　）内の語句を並べかえなさい。　(12点×3)

(1) 父はイタリア製の車を買いたがっています。

My father (buy, to, made, wants, in, a car) Italy.

My father ＿＿＿＿＿＿＿＿＿＿＿＿＿＿＿＿ Italy.

(2) あなたのお姉さんがかいた絵を見せてください。

Please (the picture, me, your sister, show, painted).

Please ＿＿＿＿＿＿＿＿＿＿＿＿＿＿＿＿ .

(3) 私は母が作ったケーキを食べています。

I'm (the cake, made, eating, mother, my).

I'm ＿＿＿＿＿＿＿＿＿＿＿＿＿＿＿＿ .

who （主格）

合格点: 72 点／100 点

月　日

点

1 （　）内から適する語句を選び，○で囲みなさい。　　　　(4点×3)

(1) I have a friend (what, which, who) can speak Chinese.

(2) Kumi is a girl who (like, likes, is liked) reading books.

(3) I know a man (who, which, whose) lives here.

2 次の2文を who を使って1文で表すとき，（　）に適する語を入れなさい。　(8点×6)

(1) I have an uncle. He lives in Hokkaido.

I have an uncle （　　　　　）（　　　　　　　） in Hokkaido.

(2) I know the boy. He is called Ken.

I know the boy （　　　　　）（　　　　　　　） called Ken.

(3) Bob is a student. He comes from the U.S.

Bob is a student （　　　　　）（　　　　　　　） from the U.S.

3 日本文に合う英文になるように，（　）内の語句を並べかえなさい。　(8点×2)

(1) ベルは電話を発明した男性です。

Bell (the man, is, the telephone, invented, who).

Bell ＿＿＿＿＿＿＿＿＿＿＿＿＿＿＿＿＿＿＿＿＿＿.

(2) あなたはだれか英語を話せる人を知っていますか。

Do you (speak, know, English, can, anyone, who)?

Do you ＿＿＿＿＿＿＿＿＿＿＿＿＿＿＿＿＿＿＿＿＿?

4 関係代名詞 who を使って，日本文の意味を表す英文を書きなさい。　(12点×2)

(1) テニスをしている男性が私の父です。

＿＿＿＿＿＿＿＿＿＿＿＿＿＿＿＿＿＿＿＿＿＿＿＿＿＿

(2) ケイト(Kate)は髪の長い女の子です。

＿＿＿＿＿＿＿＿＿＿＿＿＿＿＿＿＿＿＿＿＿＿＿＿＿＿

得点UP
1 (2)主格の関係代名詞 who に続く動詞の現在形は，先行詞の人称・数に合わせる。
4 (2)関係代名詞 who を使って「長い髪を持っている女の子」のように表す。

which・that （主格）

月　　日

点

合格点：76 点／100 点

1 （　）内から適する語を選び，○で囲みなさい。　　　　(4点×3)

(1) This is a cake (who, which, what) was made by my sister.

(2) Do you know the park (who, it, that) is near the sea?

(3) It's a house that (have, is, has) a large garden.

2 次の2文を〔　〕内の語を使って1文で表すとき，（　）に適する語を入れなさい。

(8点×8)

(1) That's a park. It has a long history. 〔 which 〕

That's a park (　　　　　) (　　　　　) a long history.

(2) This is a letter. It was written by him. 〔 that 〕

This is a letter (　　　　　) (　　　　　) written by him.

(3) The train will arrive soon. It goes to Ueno. 〔 which 〕

The train (　　　　　) (　　　　　) to Ueno will arrive soon.

(4) Ken has a bike. It is better than mine. 〔 that 〕

Ken has a bike (　　　　　) (　　　　　) better than mine.

3 日本文に合う英文になるように，（　）内の語句を並べかえなさい。　(8点×3)

(1) これが市役所へ行くバスです。

(the bus, to, is, goes, this, that) City Hall.

市役所

_____ City Hall.

(2) ここに，その祭りについてあなたに教えてくれる本があります。

Here's (tells, a book, you, about, which) the festival.

Here's _____ the festival.

(3) ここで売られている卵はとても新鮮です。

The eggs (sold, are, here, that, are) very fresh.

The eggs _____ very fresh.

得点UP

❷ 関係代名詞は，2文を1文に結びつける接続詞の働きと代名詞の働きをかねる。2文を関係代名詞を使っ
て1文に書きかえる問題では，前の文の名詞をさしている代名詞を関係代名詞にかえ，名詞のあとに続ける。

関係代名詞③

which・that （目的格）

合格点: **72** 点／100 点

点

1 （　）内から適するほうを選び, ○で囲みなさい。 (5点×5)

(1) This is a book （which, what） I bought for you.

(2) The man （whose, that） you met at the party is Mr. Kato.

(3) The pictures which Masao took （was, were） very beautiful.

(4) I'm eating the cake which my father （made, made it）.

(5) This is the pen which I was （looking, looking for）.

2 次の2文を〔　〕内の語を使って1文で表すとき, （　）に適する語を入れなさい。 (8点×6)

(1) This is the letter. I received it yesterday. 〔which〕

This is the letter （　　　　　） （　　　　　）

（　　　　　） yesterday.

(2) The dog was very big. I saw it in the park. 〔that〕

The dog （　　　　　） （　　　　　） （　　　　　） in the

park was very big.

3 日本文に合う英文になるように, （　）内の語句を並べかえなさい。 (9点×3)

(1) 金沢は私が訪れたいと思っている場所の1つです。

Kanazawa is （the places, I, visit, to, of, want, one, that）.

Kanazawa is _____.

(2) 加藤先生が私たちにしてくれた話はとてもおもしろかった。

The story （Mr. Kato, was, interesting, which, told, very, us）.

The story _____.

(3) これは私が見た中でいちばん美しい湖です。

This is （beautiful, seen, lake, the most, ever, I've, that）.

This is _____.

得点UP

3 (1)「〜の1つ」は one of 〜。(2)関係代名詞のあとに「加藤先生が私たちに話した」を続ける。(3)「私が見た中では」は「経験」を表す現在完了形〈I have[I've] ever ＋過去分詞〉の形で表す。

名詞を修飾する語・句・節

月　日

点

合格点：82点／100点

1 （　）内から適する語句を選び，○で囲みなさい。 (3点×3)

(1) Who is that girl (ran, running, to run) along the river?

(2) There are a lot of places (seen, seeing, to see) in Nara.

(3) This is the man (you saw, to see, you are seeing) in the park yesterday.

2 日本文に合うように，（　）に適する語を入れなさい。 (8点×8)

(1) 私の父はアメリカ製の車を持っています。

My father has a car (　　　　　) (　　　　　) the U.S.

(2) 私は何か温かい飲み物を持ってきましょう。

I'll bring something (　　　　　) (　　　　　) drink.

(3) 私の好きな教科は数学と音楽です。

The subjects I (　　　　　) (　　　　　) math and music.

(4) あなたはジュディーと話している男の子を知っていますか。

Do you know the boy (　　　　　) (　　　　　) Judy?

3 日本文に合う英文になるように，（　）内の語句を並べかえなさい。 (9点×3)

(1) 机の上のバッグは私の姉のものです。

(the desk, the bag, my, is, on, sister's)

_____

(2) 健が撮った写真はとてもすてきです。

(pictures, taken, are, by, nice, the, Ken, very)

_____

(3) 私がその子どもたちにしてあげられることは何かありますか。

(anything, do, I, there, that, can, for, is) the children?

_____ the children?

得点UP

1 (1)「〜を走っているあの女の子」。(2)「見る場所」。(3)「あなたが会った男の人」。

2 (3)主語が複数であることに注意する。

START ○──────○──────○──────○──────○──────○──────○──────○──────○ GOAL

まとめテスト⑤

合格点：73 点／100 点

点

---

1 ( )内から適する語を選び，○で囲みなさい。 (6点×4)

(1) Natsume Soseki is the writer (who, which) wrote *Botchan*.
　　　　　　　　　　　　作家

(2) These are pictures (who, which) I took in Hokkaido.

(3) This is the most beautiful sunset (who, that) I've ever seen.
　　　　　　　　　　　　　　　　夕焼け

(4) I'll visit a shrine which (have, has) a long history.
　　　　　　　　　神社

2 次の2文の内容を〔 〕内の語を使って1文で表しなさい。 (8点×3)

(1) The boy is Shinji. He is running over there. 〔 who 〕

_____

(2) This is a story. It makes me happy. 〔 which 〕

_____

(3) The people were very kind. I met them at the party. 〔 that 〕

_____

3 日本文に合う英文になるように，( )内の語句を並べかえなさい。 (13点×4)

(1) これはよく売れている雑誌です。

This is (well, is, a magazine, selling, that).

This is _____.

(2) 私にはサッカーがとてもじょうずな友達がいます。

I (a friend, soccer, play, have, can, who) very well.

I _____ very well.

(3) 私はポケットがたくさんある上着がほしいです。

I (a jacket, of, lot, has, which, a, want) pockets.

I _____ pockets.

(4) 彼女は今まで私が会った中でいちばん頭の良い少女です。

She is (girl, I've, the, that, ever, smartest, met).

She is _____.

1 （　　）内から適する語を選び，○で囲みなさい。　　　　(4点×3)

(1) I asked Mike （ when, why, what ） sport he played.

(2) I can't understand （ what, who, why ） he did such a thing.

(3) Do you know （ what, when, where ） our teacher lives?

2 日本文に合うように，（　　）に適する語を入れなさい。　　　(5点×11)

(1) 私はグリーン先生がなぜおこっているのかわかりません。

I don't know （　　　　　　） Ms. Green （　　　　　　） angry.

(2) 彼がどこへ行ったのかわかりますか。

Do you know （　　　　　）（　　　　　　）（　　　　　　）?

(3) 私はあの少年がだれなのか知っています。

I know （　　　　　　） that （　　　　　）（　　　　　　）.

(4) 彼女は私に何色が好きなのかをたずねました。

She asked me （　　　　　） color （　　　　　）（　　　　　　）.

3 日本文に合う英文になるように，（　　）内の語句を並べかえなさい。　(11点×3)

(1) あなたは彼が何時に家に帰って来るか知っていますか。

Do you know （ home, he, time, come, what, will ）?

Do you know _____?

(2) 私たちは自分たちの学校がいつ建てられたのか知りません。

We don't know （ our school, built, when, was ）.

We don't know _____.

(3) 彼女は日本にどれくらい滞在するのかしら。

I （ long, stay, wonder, she, how, will ） in Japan.
　　　　　　　　　～かしらと思う

I _____ in Japan.

得点UP

2 (4)動詞は asked で過去形なので，**間接疑問**の動詞もふつう**過去形**になる(時制の一致)。

3 (3)「(私は)～かしらと思う」は I wonder ～. で表す。

付加疑問

1 （　　）内から適するものを選び，○で囲みなさい。　　　　　　(4点×6)

(1) You are from Australia, (do, don't, are, aren't) you?

(2) That's a good idea, (does that, is that, doesn't it, isn't it)?

(3) Daisuke likes baseball, (is, isn't, does, doesn't) he?

(4) You can play the guitar, (can, can't, do, don't) you?

(5) The boys looked sad, (are, did, don't, didn't) they?

(6) You aren't Ken's sister, (are, aren't, do, don't) you?

2 日本文に合うように，（　　）に適する語を入れなさい。　　　　(6点×10)

(1) あなたのお兄さんはみんなに親切ですね。

Your brother is kind to everyone, (　　　　　　) (　　　　　　)?

(2) あなたはスマートフォンを持っていますね。

You have a smartphone, (　　　　　　) (　　　　　　)?

(3) イルカはかしこい動物ですね。

Dolphins are smart animals, (　　　　　　) (　　　　　　)?

(4) 伊藤さんはパーティーに来ますよね。

Ms. Ito will come to the party, (　　　　　　) (　　　　　　)?

(5) あなたは彼らといっしょに行かなかったのですね。

You didn't go with them, (　　　　　　) (　　　　　　)?

3 （　　）に適する語を入れて，会話文を完成しなさい。　　　　(8点×2)

(1) A : You can't swim, can you?　（あなたは泳げませんよね。）

B : (　　　　　　), I can swim a little.　（いいえ，少し泳げます。）

(2) A : This isn't yours, is it?　（これはあなたのではないですよね。）

B : (　　　　　　), it's not mine.　（はい，私のではありません。）

得点UP

3 「〜ではありませんね」という意味の疑問文に対する答えは，肯定の答えなら Yes，否定の答えなら No になる。日本語の「はい」「いいえ」と英語の Yes，No の使い方が逆になることに注意。

仮定法①

1 （　）内から適する語句を選び，○で囲みなさい。　　(4点×3)

(1) I wish I (am, be, were) a little taller.

(2) I wish I (talk, can talk, could talk) with Natsume Soseki.

(3) I wish I (is, be, were) a famous baseball player.

2 日本文に合うように，（　）に適する語を入れなさい。　　(5点×11)

(1) このシャツがもう少し安ければいいのに。

I (　　　　　　) this shirt (　　　　　　) a little cheaper.

(2) もっとずっと高く跳べたらいいのに。

I (　　　　　) I (　　　　　　) (　　　　　　) much higher.

(3) 父が車を持っていたらいいのに。

I (　　　　　　) my father (　　　　　) a car.

(4) 戦争がなければいいのに。

I (　　　　　　) there (　　　　　) no wars.

(5) 月に行けたらいいのに。

I (　　　　　) I (　　　　　　) go to the moon.

3 〔　〕内の語句を使って，日本文の意味を表す英文を書きなさい。　　(11点×3)

(1) 私にもっとお金があればいいのに。　〔wish, more money〕

_____

(2) 私もあなたといっしょに行けたらいいのに。　〔wish, with you〕

_____

(3) 私が料理が得意だったらいいのに。　〔good, cooking〕

_____

得点UP

1 いずれも wish を使った仮定法。実現できない現在の願望を，過去形を使って表す。

3 (3)「～することが得意だ」は be good at ～ing で表現できる。

1 （　　）内から適する語句を選び，○で囲みなさい。　　　　(4点×2)

(1) If I (am, be, were) you, I would go home right away.
ただちに

(2) If I (have, had, were having) more money, I could buy the book.

2 日本文に合うように，（　　）に適する語を入れなさい。　　　　(7点×10)

(1) もし時間があれば，あなたといっしょに行けるのですが。

If I (　　　　　　　) time, I could (　　　　　　　) with you.

(2) もし今日晴れていれば，ビーチに行くのに。

If it (　　　　　　　) sunny today, I (　　　　　　　) go to the beach.

(3) もし私が数学が得意だったら，あなたを手伝ってあげられるのに。

If I (　　　　　　　) good at math, I (　　　　　　　) help you.

(4) もしきみの背がもう少し高ければ，ジェットコースターに乗れるのにね。

If you (　　　　　　　) a little taller, you (　　　　　　　) ride the roller coaster.

(5) もし私があなただったら，そんなことは言わないでしょう。

If I (　　　　　　　) you, I (　　　　　　　) say such a thing.

3 〔　　〕内の語句を使って，日本文の意味を表す仮定法の英文を書きなさい。 (11点×2)

(1) もし私が彼と知り合いだったら，彼と毎日話せるのですが。

〔 knew, talk with him 〕

_____

(2) もっと速く泳げたら，水泳部に入るのですが。

〔 swim faster, the swimming team 〕

_____

得点UP

1 (1)「もし私があなただったら」と仮定している。

3 (2)「〜に入部する」は join が使える。

START ○────○────○────○────○────○────○ GOAL

まとめテスト⑥

月　　日

点

合格点：**76** 点／100点

1　（　　）内から適する語句を選び，○で囲みなさい。　　　(5点×4)

(1)　Do you know who (is that girl, that girl is, that is girl)?

(2)　You studied hard for the test last night, (don't, did, didn't) you?

(3)　I missed the train. I wish I (can, could, couldn't) run faster.

(4)　If I (have, had, have had) time, I could go to the
concert with you.

2　日本文に合うように，（　　）に適する語を入れなさい。　　　(5点×12)

(1)　これが何だかわかりますか，絵美。

Do you know (　　　　　) (　　　　　　　) (　　　　　　　　), Emi?

(2)　京都は美しい都市ですね。

Kyoto is a beautiful city, (　　　　　　　) it?

(3)　彼らがどこの出身なのか知っていますか。

Do you know (　　　　　) (　　　　　　　) (　　　　　　) from?

(4)　由香と久美はテニスがじょうずですよね。

Yuka and Kumi play tennis well, (　　　　　　) (　　　　　　)?

(5)　もしもっとお金があれば，新しいスマートフォンが買えるのですが。

If I (　　　　　　　) more money, I (　　　　　　　)
(　　　　　　　) a new smartphone.

3　〔　　〕内の語句を使って，日本文の意味を表す英文を書きなさい。　　　(10点×2)

(1)　あなたの弟が何時に来るかわかりますか。

〔 do you know, will come 〕

(2)　彼らがいつ日本を出発するのか私に教えてくれますか。

〔 can you, will leave 〕

接続詞／前置詞

1 （　　）内から適する語を選び，○で囲みなさい。　　　　　　　　　　(5点×6)

(1) Yumi came here not by car （and, but, or） by bike.

(2) Hurry up, （and, but, or） you'll miss the train.

(3) It snowed a lot （at, on, during） the night.

(4) He has been here （for, since, in） a week.

(5) I'll finish my report （by, in, until） tomorrow.

(6) He has been studying （when, until, since） he got home.

2 日本文に合うように，（　　）に適する語を入れなさい。　　　　　　(6点×8)

(1) ボブはマイクとビルの間にすわっています。

Bob is sitting （　　　　　　　） Mike （　　　　　　　） Bill.

(2) エレンは日本の文化に興味をもっています。

Ellen is （　　　　　　　）（　　　　　　　） Japanese culture.

(3) トムもジムも日本の食べ物が好きです。

（　　　　　　　） Tom （　　　　　　　） Jim like Japanese food.

(4) カリフォルニアは果物で有名です。

California is （　　　　　　　）（　　　　　　　） its fruit.

3 〔　　〕内の語句を使って，日本文の意味を表す英文を書きなさい。　(11点×2)

(1) 健(Ken)は宿題をしたあとでテレビを見ました。

〔after, did his homework〕

(2) 私は目の青いネコを飼っています。

〔a cat, with〕

得点UP

1 (2)「急ぎなさい，そうしなければ…」。(5)「〜までに」。動作・状態が完了する期限を表す前置詞。
3 (2)「青い目をもったネコ」を前置詞 with を使って表す。

誘う・提案する・断る

月　　日

点

合格点：**80**点／100点

---

1 日本文に合うように，（　　）に適する語を下から選んで入れなさい。(6点×10)

(1) 健，放課後に図書館へ行こう。

Ken, (　　　　　　) (　　　　　　　　) to the library after school.

(2) 明日，いっしょにテレビゲームをしませんか。

(　　　　　　) don't (　　　　　　) play video games tomorrow?

(3) 〔(2)に対して〕うーん，わかりません。明日は忙しいのです。

Well, I (　　　　　　) (　　　　　　　　). I'm busy tomorrow.

(4) 買い物に行くのはどうですか。

(　　　　　　) (　　　　　　　　) going shopping?

(5) 私の家へ来ませんか。

(　　　　　　) you (　　　　　　) to come to my house?

〔 why, how, know, let's, don't, we, go, like, would, about 〕

2 （　　）に適する語を入れて，日本文に合う会話文を完成しなさい。(5点×8)

(1) *A* : (　　　　　　) (　　　　　　) we play
soccer next Sunday?
（次の日曜日，いっしょに
サッカーをしませんか。）

B : That's a good idea.
（それはいい考えですね。）

(2) *A* : Would you (　　　　　　) to go to a
movie this afternoon?
（今日の午後，映画に行
きませんか。）

B : I'm (　　　　　　) I can't.
I have a lot of work today.
（残念ですが，行けません。
今日は仕事がいっぱいで
す。）

(3) *A* : Where (　　　　　　) (　　　　　　)
meet?
（どこで待ち合わせようか。）

B : (　　　　　　) (　　　　　　) meeting
in front of the station at 10：00?
（駅の前で10時に会うの
はどうですか。）

得点UP

❶ 誘ったり，提案したりするときの言い方は，Let's 〜. / Shall we 〜? / Why don't you[we] 〜? /
How about 〜? / Would you like to 〜? など，いろいろな表現がある。

すすめる・依頼する

合格点: **80** 点 / 100点

月　日

点

1　（　　）に適する語を入れて，会話文を完成しなさい。　(7点×10)

(1) *A :*（　　　　　　）（　　　　　　　　） like some coffee?

　　 B : Yes, please. I like coffee very much.

(2) *A :*（　　　　　　）（　　　　　　） pass me the sugar?

　　 B : Sure. Here you are.

(3) *A :* Excuse me, but could you tell me （　　　　　）

　　（　　　　　） get to the station?

　　 B : Sure. Come with me. I'm going the same way.
　　　　　　　　　　　　　　　　　　　　　　　同じ

(4) *A :* Dinner is ready. Please （　　　　　） yourself.

　　 B : Thank you. It smells good.
　　　　　　　　　においがする

(5) *A :* Why （　　　　　）（　　　　　） go out to eat?

　　 B : That sounds good. Let's go.

(6) *A :* How （　　　　　） another piece of cake?

　　 B : No, thank you. I'm full.

2　次の場面に合う英文になるように，（　　）内の語を並べかえなさい。　(10点×3)

(1) 相手の人に，自分の宿題を手伝ってもらいたいとき。

（ help, you, my, me, with, homework, can ）

_____

(2) 相手の人に，家族についてもっと教えてもらいたいとき。

（ tell, family, more, your, me, you, about, will ）

_____

(3) 相手の人に，水のおかわりをすすめるとき。

（ water, glass, you, another, of, like, would ）

_____

得点UP

1 (4)「どうぞご自由に自分でとって食べてください」の意味の文にする。

2 (1) 〈help ＋人＋ with …〉で「(人)の…を手伝う」。

START ○──○──○──○──○──○──○──○──○──○ GOAL

いろいろな表現④

電話・道案内

1 電話での会話が成り立つように，（　　）に適する文を下のア～エから選びなさい。

(8点×4)

(1) A : Hello. This is Tom. Is Mary there?

B : (　　　　　　　　) Hi, Tom.

(2) A : Hello, this is Ken. I'd like to speak to Yuki.

B : (　　　　　　　　) Do you want her to call you back?

A : That's OK. I'll call again later. Thank you.

(3) A : Hello. This is June. (　　　　　　　)

B : I'm sorry, he's not here now. (　　　　　　　)

> ア Can I take a message? イ Sorry, but she's out now.
> ウ Speaking. エ May I speak to Takeshi?

2 地図に合う道案内の会話になるように，（　　）に適する語を下のア～エから選びなさい。

(11点×4)

A : Excuse me. Could you tell me the way to the bank?

B : Sure. Go (　　　) this street to the hospital. (　　　) (　　　) at that corner. The bank is on the (　　　).

A : Thank you.

> ア right イ left
> ウ turn エ along

hotel	bank
post office	hospital
school 現在地	park

3 （　　）に適する語を入れて，日本文に合う英文にしなさい。

(12点×2)

(1) You can't (　　　　　　　) it. (〈道案内で〉すぐわかりますよ。)

(2) (　　　　　　　) trains at Honmachi. (本町で乗りかえてください。)

得点UP　① (1)電話に出たBは「こんにちは，トム」と言っている。(2)健は「あとでかけ直します」と言っている。
③ (1)「見落とすことはない」と表現する。

START ○—○—○—○—○—○—○—○—○ GOAL

ディスカッション

1 日本文に合うように，（　　）に適する語を下から選んで入れなさい。　(6点×10)

(1) あなたはこの問題についてどう思いますか。

What do you （　　　　　）（　　　　　　　） this problem?

(2) 私は由美に賛成します。　I （　　　　　　）（　　　　　　　） Yumi.

(3) 言いたいことはわかりますが，やはり私はA案のほうがいいと思います。

I （　　　　　） your （　　　　　　　）, but I still think Plan A is better.

(4) 私たちは車の使用をやめるべきだ，という意味ですか。

Do you （　　　　　） we （　　　　　　） stop using cars?

(5) 私の意見では，A案は不可能です。

（　　　　　） my （　　　　　　　）, Plan A is impossible.

〔in, about, with, see, mean, think, agree, opinion, point, should〕

2 （　　）に適する語を入れて，日本文に合う会話文を完成しなさい。　(5点×8)

(1) *A*：I think we should support farmers in Japan by choosing domestic food.
（私は国産の食べ物を選ぶことで日本の農家を支えるべきだと思います。）

　　B：I （　　　　　）（　　　　　　　）, too.
（私もそう思います。）

(2) *A*：School lunches are better because we can have something hot.
（温かいものが食べられるので，給食のほうがよいです。）

　　B：That's （　　　　　　）, （　　　　　　　　）
I think boxed lunches are better because we can choose what to eat.
（その通りですが，食べるものを選択できるので私は弁当昼食のほうがよいと思います。）

(3) *A*：That's （　　　　　　）（　　　　　　）
my presentation.
（以上で私の発表を終わります。）

　　B：Thanks, Aki. Now, does （　　　　　　）
（　　　　　　） any questions?
（ありがとう，亜紀。では，何か質問がある人はいますか。）

得点UP

❷ (2)「その通りです」→「それは本当です」。

(3) Bのセリフでは，doesで文が始まっていることに注目。「だれか」を主語にした疑問文にする。

総復習テスト①

1 （　　）内から適する語句を選び，○で囲みなさい。　(2点×7)

(1) Kyoto is (visits, visiting, visited) by many people every year.

(2) She bought a book (writing, wrote, written) by Dazai Osamu.

(3) John has (lives, lived, living) in Tokyo for two years.

(4) My father always tells me (study, to study, studied) hard.

(5) (Did, Were, Have) you ever been to Canada?

(6) I've been studying math (for, since, in) this morning.

(7) John has a sister (who, whose, which) goes to college.

2 〔　　〕内の語を適する形にして，（　　）に入れなさい。　(2点×5)

(1) Do you know the boy (　　　　　　) by the door? 〔stand〕

(2) Were these pictures (　　　　　　) by your father? 〔take〕

(3) Have you ever (　　　　) a koala? 〔see〕

(4) My uncle has a car (　　　　　) in Germany. 〔make〕
ドイツ

(5) I've (　　　　) there once with my friends. 〔be〕

3 次の場面に合う英文になるように，（　　）に適する語を入れなさい。　(2点×10)

(1) カメラの使い方がわからず，友達にたずねるとき。

Do you know (　　　　　) (　　　　　　) use this camera?

(2) お金が足りないことを嘆くとき。

I (　　　　　) I (　　　　　　) more money.

(3) 外出できない理由を「母が家にいるように言ったんだ」と説明するとき。

My mother (　　　　　) me to (　　　　　) home.

(4) これまででいちばん大きい魚を見て感動したとき。

I have (　　　　　) (　　　　　　) such a big fish before.

(5) 景子が6時間ずっと勉強し続けていることを報告するとき。

Keiko (　　　　　) (　　　　　　) studying for six hours.

裏面へ

4 日本文に合うように，（　）に適する語を入れなさい。　(2点×10)

(1) 私にはオーストラリアに住んでいる友達がいます。

I have a friend (　　　　　) (　　　　　　) in Australia.

(2) 英語を話すのは久美には難しくありません。

It isn't hard (　　　　　) Kumi (　　　　　) speak English.

(3) 彼はこの店でどれくらいの間働いているのですか。

How (　　　　　) (　　　　　　) he worked at this store?

(4) あなたは彼女に手伝ってもらいたいのですか。

Do you want (　　　　　) (　　　　　　) help you?

(5) これは私の母が作ったドレスです。

This is a dress (　　　　　) (　　　　　　) my mother.

5 （　）内の語句を並べかえて，意味の通る英文を完成しなさい。　(4点×3)

(1) I don't know (be, what, to, wants, Taro).

I don't know _____.

(2) The subject (best, which, is, like, I, the, math).

The subject _____.

(3) What (this flower, in, called, is) English?

What _____ English?

6 〔　〕内の語句を使って，日本文の意味を表す英文を書きなさい。　(8点×3)

(1) もし私があなただったら，そのかばんを買うでしょう。　〔if, would buy〕

_____

(2) 私はもっと多くの人たちに私たちのチームに入ってもらいたい。　〔more, join〕

_____

(3) あなたは彼がどこに住んでいるか知っていますか。　〔know, where〕

_____

総復習テスト②

目標時間：**20** 分　｜　合格点：**80** 点／100点

1 会話文が完成するように，（　　　）に適する文を下のア～エから選びなさい。 (3点×6)

(1) A : Excuse me. Can you tell me the way to the station?

B : Sure. It's not far from here. （　　　　　　　）

ア　Change trains here.　　イ　Please show me the way.

ウ　You can see it from here.　エ　Please take me there.

(2) A : I think Kyoto is a better place to visit than Okinawa.

B : （　　　　　　　） There are many old temples there. I like them.

ア　I don't think so.　　イ　I agree with you.

ウ　How about Okinawa?　エ　I'm against your idea.

(3) A : Excuse me. How can I get to the zoo?

B : （　　　　　　） It goes to the zoo.

ア　You are welcome.　イ　Please ask someone else.

ウ　Turn left.　　　　エ　Take Bus No.4.

(4) A : Look at the man playing the piano. （　　　　　　）

B : Of course. He's Mr. Suzuki, our math teacher.

ア　Do you know who he is?　イ　What is he playing?

ウ　Do you know where he is?　エ　What is he doing?

(5) A : Mr. Davis, （　　　　　　　） Japan?

B : For three years.

ア　how do you like　　イ　how long have you been in

ウ　how did you come to　エ　how often have you been to

(6) A : Daisuke, （　　　　　　　）?

B : Oh, I forgot. I'll do it right away.
_{すぐに}

ア　I told you to clean your room, didn't I

イ　You told me to clean my room, didn't you

ウ　I wanted to clean your room, didn't I

エ　You wanted me to clean my room, didn't you

裏面へ

2 次の場面に合う英文になるように，（　　）に適する語を入れなさい。 (4点×9)

(1) 「忙しすぎてレポートが書けなかった」と言い訳をするとき。

I was （　　　　　　　） busy （　　　　　　　） write the report.

(2) 知らない女性について友達にだれなのかたずねるとき。

Do you know （　　　　　） she （　　　　　　）?

(3) 時間がなくて友達といっしょにコンサートに行けないことを嘆くとき。

If I （　　　　　） time, I （　　　　　） （　　　　　） to
the concert with you.

(4) 友達に「犬と散歩しているのが妹だよ」と教えるとき。

The girl （　　　　　　） with a dog （　　　　　） my sister.

3 日本文に合う英文になるように，（　　）内の語句を並べかえなさい。 (6点×4)

(1) その箱の中に何が入っているかわかりますか。

Do you（ the box, is, know, in, what ）?

Do you _____?

(2) カナダは私が訪れたい国の1つです。

Canada is（ one, the countries, I, of, to, want, visit ）.

Canada is _____.

(3) これがあなたのお姉さんがかいた絵ですか。

Is this（ sister, the picture, painted, your, by ）?

Is this _____?

(4) あなたの国では何語が使われていますか。

What（ used, country, your, is, language, in ）?

What _____?

4 次の場面に合う英文を，（　　）内の語句を使って作りなさい。 (11点×2)

(1) いっしょに音楽を聞かないかと誘うとき。 （ why, we ）

_____

(2) 自分は友達から健(Ken)と呼ばれていることを伝えるとき。 （ my friends, me ）

_____

No. 01 現在／過去／未来〈肯定文〉

1 (1) studies (2) went (3) were
(4) going

2 (1) had, time (2) was, yesterday
(3) going to (4) will do

3 (1) We were very busy last week.
(2) Nick has two brothers.
(3) She plays tennis very well.
(4) We had [got] a lot of rain last
night.

〔解説〕 **1** (1)現在の文で主語が3人称単数。(2)
got は get の過去形。and のあとの動詞も過去形
で went。(3)～ ago があるので過去の文。be 動
詞のあとに続く語(主語)が複数なので were。(4)
未来の文。be 動詞(I'm＝I am)があるので be
going to ～ の文。
2 (1) have a good time で「楽しい時を過ごす」
の意味。have の過去形は had。(2)「～にいた」
は be 動詞の過去形を使って表す。「きのうの～」
は yesterday ～。(3) be going to ～ の未来の文。
(4) will の未来の文。「宿題をする」は do を使う。
3 (1)過去の文。主語が we なので were。
(2)主語が3人称単数なので has。(3)「テニスがと
てもじょうず」を「とてもじょうずにテニスをす
る」のように表す。plays は can play でもよい。
(4)主語に we を使い，we had a lot of rain で「雨
がたくさん降った」という意味の文を作る。

No. 02 現在／過去／未来〈疑問文・否定文〉

1 (1) Did, read (2) How was
(3) Do, have (4) Are, going

2 (1) bought (2) I was
(3) going to

3 (1) Did he walk to school?
(2) Who will come to the party?
(3) wasn't in Tokyo last week

〔解説〕 **1** (1)一般動詞の過去の疑問文。(2) be
動詞の過去の疑問文。「どう」は How でたずね
る。(3)一般動詞の現在の疑問文。(4) be going to
～の未来の疑問文。be 動詞が主語の前。
2 (1)過去の疑問文なので，答えの文の動詞は過
去形。(2) Were you(単数)～? は答えの文では I
was になる。(3)「何をするつもりか」の問いに，
「おじを訪問するつもりだ」と答える。
3 (1) walk to school で「歩いて学校へ行く［来
る］」。(2) who が主語の文。who のすぐあとに
〈will ＋動詞の原形〉が続く。(3)〈主語＋ wasn't
＋場所 .〉で「…は～にいなかった」の意味。

No. 03 受け身の文

1 (1) loved (2) written (3) from

2 (1) spoken (2) closed (3) invited
(4) made

3 (1) is used (2) are read
(3) was built

4 (1) This cake was made by my
mother.
(2) This story is known to everyone.

〔解説〕 **1** いずれも受け身の文で，〈be 動詞＋
過去分詞〉の形。(3)「～からできている」は，材
料がもとの形をとどめていないときは be made
from ～ が使われ，もとの形をとどめているとき
は be made of ～ が使われる。
2 いずれも受け身の文。(1)「中国では中国語が
話されている」。(2)「この前の日曜日その店は閉
められていた」。(3)「たくさんの人々が招待され
た」。(4)「この工場で作られた」。
3「～され(てい)る」は〈be 動詞＋過去分詞〉
の受け身で表す。(2) read の過去分詞は read [red
レッド]。(3)過去の内容なので was built。
4 (1) was と made があるので，「私の母によっ
て作られました」と受け身の文で表す。(2) be
known to ～ で「～に知られている」。

ANSWERS

No. 04 受け身の疑問文・否定文

① (1) Is　(2) Were　(3) isn't
② (1) Is, spoken
　(2) wasn't liked [loved] by
　(3) visited by
③ (1) Where, made　(2) is, used
　(3) is
④ (1) Is Mike loved by his classmates?
　(2) Computers were not [weren't] used in those days.

（解説）① (1)「この本はあなたの国で読まれていますか」。〈be 動詞＋主語＋過去分詞 ～?〉の形。(2) in the 1900s（1900年代に）とあるので，過去の受け身の疑問文。主語が複数なので were。(3)あとに過去分詞があるので受け身の否定文。
② (1)受け身の疑問文では be 動詞を主語の前におく。(2)受け身の否定文では〈be 動詞＋not＋過去分詞〉の形。ここでは，was not の短縮形を使う。「～に（よって）」は by ～。(3) the city が主語なので，受け身の疑問文で表す。
③ (2)「彼らが意思を伝え合うときは何語が使われますか」「ふつうは英語が使われます」。
④ (1)受け身の疑問文は be 動詞を主語の前に出す。(2)受け身の否定文は be 動詞のあとに not をおく。過去の文なので were not。

No. 05 become, look などの文

① (1) become　(2) looks　(3) gets
　(4) look
② (1) look　(2) looks like　(3) become
　(4) feel [am], better
③ (1) What does this look like?
　(2) hope you get well
　(3) It's getting warmer and warmer

（解説）① (1)「エミリーは医師になりませんでした」。〈become ＋名詞〉の形。(2)「その家は古く見えますが，新しいです」。〈look ＋形容詞〉の形。(3)「暗くなる前に家に帰ってきなさい」。〈get ＋形容詞〉。(4)「あなたはとても疲れている

ように見えます。だいじょうぶですか」。〈look ＋形容詞〉の形。
② (1)「うれしそうに見える」で，look happy。(2) look like ～ で「～のように見える」。あとに名詞や代名詞が続くときは前置詞の like を使う。(4) feel [be] much better で「ずっと気分がよい」。much は比較級を強めて「ずっと」の意味を表す。
③ (1) look like ～ の「～」の部分が疑問詞の what で，文頭に出た形。

No. 06 call などの文

① (1) make me　(2) call you
　(3) keep, clean　(4) leave, open
② (1) book made him famous
　(2) his friends call him Taku
　(3) named her dog Bella
③ (1) What do you call this flower in English?
　(2) The news made us happy [glad].

（解説）① (1)「A を B にする」は〈make ＋ A ＋ B〉の形。(2)「A を B と呼ぶ」は〈call ＋ A ＋ B〉の形。ここでは B の部分が疑問詞の what で，文頭に出た形。(3)「A を B にしておく」は〈keep ＋ A ＋ B〉。(4)「A を B のままにしておく」は〈leave ＋ A ＋ B〉。
② (3)「A を B と名づける」は〈name ＋ A ＋ B〉。
③ (1)「この花を英語で何と呼びますか」という文で表す。〈call ＋ A ＋ B〉の文で，what を使った疑問文。(2)「その知らせは，私たちをうれしくさせた」と表す。〈make ＋ A ＋ B〉の形。

No. 07 tell, show などの文

① (1) gave them　(2) buy [get] you
　(3) Show me　(4) asked her
② (1) Bring me a glass of water.
　(2) will give you another present
　(3) Could you tell me the way to
③ (1) Ms. Green teaches us English.
　(2) send your picture to me

ANSWERS

（解説）❶ (1)「…に〜を与える」は〈give ＋人＋物〉。(2)「あなたにハンバーガーを買ってあげる」と考え，〈buy[get]＋人＋物〉の形に。(3)「…に〜を見せる」は〈show ＋人＋物〉。(4)「…に〜をたずねる」は〈ask ＋人＋物〉。

❷ (1)「私に 1 杯の水を持ってきてください」という文を作る。〈bring ＋人＋物〉の形。(2)〈give ＋人＋物〉の形。「もう 1 つ(の)」は another で，名詞の前におく。(3)「〜を教えていただけますか」は Could you tell me 〜? の形。

❸ (1)〈teach ＋人＋物〉で「…に〜を教える」。Ms. Green teaches English to us. としてもよい。(2)〈send ＋人＋物〉または〈send ＋物＋ to ＋人〉で「〜を…に送る」。ここは後者の形で表す。

<h2>No. 08 まとめテスト①</h2>

❶ (1) called　(2) was　(3) for
　(4) becoming
❷ (1) Is, taught　(2) was [were] invited
　(3) visited by　(4) looks like
　(5) become [be]　(6) looks bad
❸ (1) This game is loved by many children.
　(2) The prize made him very famous.

（解説）❶ (1)「このおもちゃは日本語でけん玉と呼ばれます」という受け身の文で〈be 動詞＋過去分詞〉の形。(2)「それはいつ建てられたのですか」で，受け身の疑問文。(3)〈make ＋物＋ for ＋人〉の形。(4)「森林が年々，砂漠になってきています」の意味。

❷ (2)疑問詞の who が主語の受け身の文で，〈Who ＋ be 動詞＋過去分詞 〜?〉の形。主語の who は 3 人称単数扱いだが，複数の答えが予想される場合は be 動詞に are[were] も使われる。(3)受け身の文。「〜によって」は by 〜。(4) look like で「〜に似ている」。(5)〈become[be]＋名詞〉の形。(6)「悪く[ますそうに]見える」で〈look ＋形容詞〉の形。

❸ (2)「その賞は彼をとても有名にしました」という文を作る。〈make ＋ A ＋ B〉の文。

<h2>No. 09 「継続」を表す現在完了形</h2>

❶ (1) lived　(2) worked
　(3) since　(4) has
❷ (1) have studied　(2) has used
　(3) wanted, for　(4) known, since
❸ (1) has lived in Tokyo for
　(2) has been cloudy since yesterday
　(3) have wanted this book for

（解説）❶ (1)「私たちは 9 年間ずっと日本に住んでいます」で，現在完了形の文。〈have ＋過去分詞〉の形になる。(2)「去年からずっとそこで働いている」で現在完了形の文。(3)現在完了形の文で「〜から」は since を使う。(4)主語が 3 人称単数のときは〈has ＋過去分詞〉の形。

❷「ずっと〜している」「ずっと〜だ」は現在完了形〈have[has]＋過去分詞〉で表す。

❸ (1)現在完了形を使う。「10年間東京に住んでいる」のように「〜間」は for 〜。(2)「きのうからくもっている」のように「〜から」は since 〜 で表す。(3) want を使って現在完了形の文を作る。「長い間」は for a long time。

<h2>No. 10 「継続」の疑問文・否定文</h2>

❶ (1) Has　(2) used　(3) Have
　(4) haven't
❷ (1) Have, known / haven't
　(2) How long has / For
　(3) haven't, for
　(4) long have, wanted
❸ (1) have not used this smartphone
　(2) How long has she played

（解説）❶ (1)〜(3)現在完了形の疑問文で，〈Have[Has]＋主語＋過去分詞 〜?〉の形になる。(1)「彼はここに 2 週間滞在しているのですか」。(2)「あなたは子どものときからこの自転車を使っているのですか」。(3)「あなたはこの店で長い間働いているのですか」。(4)現在完了形の否定文で，〈have[has] not ＋過去分詞〉の形。haven't は have not の短縮形。「私はこの前の日曜日から部

ANSWERS

屋をそうじしていません」。

2 (2)「どれくらい（の期間）〜しているのですか」と継続の期間をたずねるときは，how long で文を始める。(3)「私は長い間あなたに会っていない」と考え，現在完了形の否定文で表す。(4)「いつから」は「どれくらいの間」と考え，How long 〜? の形で表す。

3 (1)現在完了形の否定文は have[has] のあとに not。(2)「どのくらいの間」は **How long 〜?**。

No. 11 have[has] been 〜〈継続〉

1 (1) have been　(2) has been
　(3) Have, been / have
　(4) has, been / has
2 (1) has been sick since last month
　(2) How long have you been here?
3 (1) The weather has been nice for a week.
　(2) Have you been in the park since this morning?

（解説）**1** (1)「ずっと〜にいる」は be 動詞の過去分詞 been を使って **have been** の形で表す。(2)主語が3人称単数だから〈has been ＋形容詞〉の形。(3)疑問文だから have が主語の前にくる。答えの文でも have を使う。(4)主語が3人称単数だから has を使う。
2 (1) has been sick since 〜で「〜からずっと病気だ」。(2)「いつから」は how long（どれくらいの間）で表し，そのあとに現在完了形の疑問文 have you been の形を続ける。
3 (1) nice は good や fine などでもよい。(2)現在完了形の疑問文 Have you 〜? で表す。

No. 12 「経験」を表す現在完了形

1 (1) made　(2) played　(3) used
　(4) written
2 (1) have visited　(2) has studied
　(3) have seen, once
　(4) have, played　(5) has read
　(6) I've heard

3 (1) have climbed Mt. Fuji twice
　(2) has sung the song before

（解説）**1** いずれも〈have[has]＋過去分詞〉の形で，「〜したことがある」と経験の意味を表す現在完了形の文。(1)「私は何度もお好み焼きを作ったことがあります」。(2)「ジョシュは以前に将棋をさしたことがあります」。(3)「母は一度このコンピューターを使ったことがあります」。(4)「彼はビルに2回手紙を書いたことがあります」。
2 「(今までに)〜したことがある」と経験の意味を表す文。(3)「1度」は once。(6)空所の数から，I have は短縮形の **I've** を使う。hear の過去分詞は heard。
3 動詞を〈have[has]＋過去分詞〉の形にして，現在完了形の文にする。(2) sing（歌う）の過去分詞は sung。

No. 13 「経験」の疑問文・否定文

1 (1) Have, written
　(2) have never climbed
　(3) Has, ever learned
　(4) I've, seen
2 (1) No, haven't　(2) How, have
3 (1) Have you ever done anything to clean up
　(2) How many times has she visited

（解説）**1** (1)(3)「(今までに)〜したことがありますか」は〈Have[Has]＋主語＋ ever ＋過去分詞 〜?〉の形で表す。(2)(4)「(今までに)1度も〜したことがない」は〈have[has]＋ never ＋過去分詞〉の形で表す。
2 (1)現在完了形の疑問文には，have[has]を使って答える。あとの文から No の答え。(2)「あなたはその本を何回読んだことがありますか」で，How many times 〜?。
3 (1)現在完了形の疑問文。「〜するために」は〈to ＋動詞の原形〉で表す。(2)回数をたずねる疑問文。How many times 〜? を使う。

No. 14 have been to 〜 〈経験〉

❶ (1) have been (2) have, been to
(3) Have, been / have, been
(4) times, been

❷ ウ

❸ (1) have been to the town
(2) has never been to

(解説) **❶** (1)「〜へ行ったことがある」は，be 動詞の過去分詞 been を使って，have[has] been to 〜で表す。(2)「(1 度も)〜へ行ったことがない」は，have[has] never been to 〜で表す。(3)疑問文だから have が主語の前にくる。
❷ 会話文の意味は，次の通り。
由紀：私は来週京都に行くつもりです。
マイク：それはいいですね！
由紀：(あなたはそこ[京都]へ行ったことがありますか)，マイク。
マイク：はい，でも 1 回だけです。
❸ (1) have been to 〜 before で「以前〜へ行ったことがある」。(2) has never been to 〜で「 1 度も〜へ行ったことがない」。

No. 15 「完了」を表す現在完了形

❶ (1) written (2) left (3) done
❷ (1) have already finished [done]
(2) has just made [baked]
(3) have, cleaned (4) has, been
❸ has just arrived here
❹ (1) We have [We've] just eaten lunch.
(2) My father has already washed [done] the dishes.

(解説) **❶** いずれも 〈have[has]＋過去分詞〉の形で「〜したところだ」「〜してしまった」と完了の意味を表す現在完了形の文。(1)「私はちょうどレポートを書いたところです」。(2)「電車はもう出発してしまいました」。(3)「彼らは仕事をしてしまいました」。do の過去分詞は done。
❷ (1)「もう〜してしまった」は 〈have[has]＋

already ＋過去分詞〉。(2)「ちょうど〜したところだ」は 〈have[has] ＋ just ＋過去分詞〉の形で表す。(4) have been to 〜 は「〜へ行ったことがある」(経験) のほかに，「〜へ行ってきたところだ」という完了の意味でも使われる。
❸ has just arrived で「ちょうど到着したところだ」「到着したばかりだ」という意味になる。
❹ (1)〈have ＋ just ＋過去分詞〉の形にする。eaten は eat(食べる) の過去分詞。(2)〈has ＋ already ＋過去分詞〉の形に。

No. 16 「完了」の疑問文・否定文

❶ (1) Have, bought [gotten, got], yet
(2) haven't cleaned, yet
(3) Has, yet / yet
(4) hasn't washed, yet
❷ (1) No, haven't
(2) have, read [finished]
(3) Yes, have
❸ (1) Have you done your homework yet?
(2) He has not heard the news yet.

(解説) **❶** (1)(3)「(もう)〜し(てしまい)ましたか」という現在完了形の疑問文は，have[has]を主語の前に出す。疑問文の「もう」は yet を使う。(2)(4)「(まだ)〜していません」という現在完了形の否定文は，have[has]のあとに not をおく。否定文の「まだ」は yet を使う。
❷ 現在完了形の疑問文には，Yes, 〜 have[has]. / No, 〜 haven't[hasn't]. で答える。(1)答えの文の「私は明日それを書くつもり」から No の答え。(2)「あなたはまだその雑誌を読んでいるのですか」「いいえ。もう読み終わりました」。(3)「もう出かけられます」から Yes の答えとわかる。
❸ (1)〈Have ＋主語＋過去分詞 〜 yet?〉の形。(2)〈主語＋ has not ＋過去分詞 〜 yet.〉の形。

No. 17 現在完了進行形

❶ (1) practicing (2) making
(3) been running (4) known

② (1) been waiting
(2) has been raining
(3) haven't been

③ been studying

④ (1) Yumi has been watching TV for three hours.
(2) How long has he been swimming?

解説　❶ (1)～(3)現在完了進行形の文。動作について「ずっと～している」という継続を表すときは have[has] been ～ing で表す。(1)「私は今朝からずっとピアノを練習しています」。(2)「美香は帰宅してからずっと夕食を作っています」。(3)「あなたは２時間ずっと走っているのですか」。(4)「私は亜矢と５年間知り合いです」know（知っている）や have（持っている）など進行形にしない動詞は，現在完了進行形で使えない。

❷ (2) It has rained ～. のように現在完了形でも表現できるが，現在完了進行形のほうが「今も続いている」という意味合いが強くなる。(3)否定文は haven't[have not] been ～ing。

❸ 「見て！由香が勉強しています。私が６時間前に見たときも彼女は勉強していました」「彼女は６時間ずっと勉強しているということですか。疲れているにちがいありません」。

❹ (1)「ずっとテレビを見ている」を現在完了進行形で表す。(2)継続時間をたずねる現在完了進行形の疑問文。How long を文頭に。

No. 18　まとめテスト②

❶ (1) lived　(2) written　(3) running
(4) Have / yet

❷ (1) heard　(2) known　(3) done

❸ (1) long has she been sick
(2) has been playing video games since noon
(3) have never had such good

❹ (1) I haven't[have not] seen you for a long time.
(2) Have you ever been to Canada?

(3) Have you finished your homework yet?

解説　❶ (1)〈has ＋過去分詞〉で現在完了形。(2)現在完了形の疑問文。(3) has been ～ing で現在完了進行形。(4)「あなたはもう昼食を食べましたか」，「いいえ，まだです」の会話。否定文の「まだ」は yet を使う。

❷ (1)「あなたは今までにマザー・テレサについて聞いたことがありますか」。(2)「私たちは彼を５年前から知っています」。(3)「私はもう自分の仕事をやってしまいました」。

❸ (1)「どのくらいの間病気なのですか」と考え現在完了形で表す。(2)動作について「ずっと～している」というときは現在完了進行形で表す。(3)現在完了形の否定文。

❹ (1)「長い間」は for a long time。(2)「今までに～へ行ったことがあるか」は Have you ever been to ～?。

No. 19　不定詞・動名詞

❶ (1) playing　(2) go　(3) to

❷ (1) to study　(2) to help
(3) to see　(4) to wear
(5) places to

❸ (1) I stopped listening to music.
(2) What do you want to be
(3) was very happy to hear the news

解説　❶ (1)(2)動詞の～ing形または〈to ＋動詞の原形〉で「～すること」の意味を表す。

❷ (1) begin to ～ で「～し始める」。(2)(3)「～するために」「～して」は〈to ＋動詞の原形〉を使って表す。(4) have nothing to ～ で「～するものを持っていない」。

❸ (1)「～するのをやめる」は stop ～ing。(2) want to be ～ で「～になりたい」。(3)〈be 動詞＋ happy to ＋動詞の原形〉の形で「～してうれしい」。

ANSWERS

No. 20 疑問詞＋to ～

❶ (1) how to　(2) where to
　(3) what to　(4) when to
　(5) how to

❷ (1) Do you know how to get to
　(2) didn't know what to talk about

❸ (1) She doesn't [does not] know
　　how to send e-mails [an e-mail].
　(2) Can you tell me where to go?

(解説)　❶ (1)「～のしかた」は how to ～。(2)
「どこで～すればよいか」は where to ～。(3)～
(5)〈疑問詞＋to ～〉が know の目的語になる文。
(3)「何をすればよいか」は what to do。(4)「い
つ～すればよいか」は，when to ～。(5)「～の作
り方」は how to make ～。
❷ (1) how to get to ～で「～への行き方」の意
味。(2)「何について話したらよいか」は what to
talk about。
❸ (1)「Eメールの送り方」を how to send
e-mails と表す。(2)「どこへ行けばよいか」を
where to go と表す。

No. 21 It … (for ―) to ～.

❶ (1) for　(2) It　(3) them

❷ (1) for, to　(2) It's, to
　(3) to watch　(4) to find

❸ will be easy for you to answer

❹ (1) It is interesting [fun] to use
　　the internet.
　(2) It was difficult [hard] for me
　　to understand the poem.

(解説)　❶〈It is … for ― to＋動詞の原形 ～.〉
の形で，「―が～することは…です」の意味。(1)
「あなたがお母さんを手伝うことは大切です」。(2)
「サッカーをするのはとても楽しい」。(3)「彼らに
とって，英語を話すことはわくわくします」
for のあとに代名詞がくるときは目的格になる。
❷ いずれも〈It is … (for ―) to ～.〉の形の
文。(2)空所の数から It is は短縮形の It's を使う。

❸ It … for ― to ～. の形で表す。未来の文なの
で，will be easy となる。
❹〈It is …（for ―）to ～.〉の文。(2)過去の文
なので，It was ～. となる。

No. 22 want … to ～

❶ (1) to wash　(2) us　(3) to read

❷ (1) him to come　(2) want, to
　(3) asked her to　(4) not to

❸ I want you to go there.

❹ (1) Yoko told me to clean the
　　room.
　(2) I asked him to speak more
　　slowly.

(解説)　❶ (1)「私の父は私に車を洗うようにた
のみました」。ask … to ～ の形。(2)「グリーン
先生は私たちにもっと熱心に勉強してもらいたい
と思っています」。目的語が代名詞の場合は目的
格。(3)「あなたは彼にその本を読むように言いま
したか」。tell … to ～ の形。
❷ (1)「…に～するように言う」は，tell … to ～。
(2)「…に～してもらいたい」は，want … to ～。
(3)「…に～するようにたのむ」は，ask … to ～。
(4)「…に～しないように言う」は，to ～の前
に not をおいて，tell … not to ～の形で表す。
❸ I want you to go there. で「私はあなたにそ
こへ行ってもらいたい」の意味を表す。I want
to go there. なら，「私はそこへ行きたい」の意
味。
❹ それぞれ，tell … to ～，ask … to ～ の形を
使って表す。

No. 23 too … (for ―) to ～など

❶ (1) too　(2) to watch

❷ (1) too, to　(2) too, to　(3) too, for
　(4) enough to

❸ This book is too difficult for my
　brother to read.

❹ (1) I was too busy to watch TV
　　yesterday.

ANSWERS

(2) My grandfather is too old to take care of himself.

解説 ❶ (1)「このミルクは熱すぎて飲めません」。too … to 〜 で「…すぎて〜できない」。(2)「あなたはこの映画を見たことがありますか」「まだです。私はずっと忙しすぎて映画を見ることができません」。

❷ (1)(2)〈too ＋形容詞＋ to 〜〉の文。(3)〈too ＋形容詞＋ for ＋人＋ to 〜〉で，「…すぎて—には〜できない」の意味。(4) kind enough to 〜で「親切にも〜してくれる」の意味。

❸ 〈主語＋ be 動詞＋ too ＋形容詞＋ for ＋人＋ to ＋動詞の原形.〉の語順。

❹ いずれも too … to 〜の文で表す。(2)「自分の身の回りのことをする」は take care of oneself。

No. 24 let, helpなどの文

❶ (1) go (2) wait (3) help (4) Let
❷ (1) let (2) helped, wash
　 (3) let, go (4) Let, show [give]
　 (5) me
❸ (1) Let me try.
　 (2) Ken helped me (to) carry this box.
　 (3) The heavy rain made me stay home.

解説 ❶ (1)〈let ＋人＋動詞の原形〉で「(人)に〜させる」。「そこに私を 1 人で行かせてください」の意味。(2)〈make ＋人＋動詞の原形〉で「(人)に〜させる」。「彼らは私を長い間待たせました」。(3)〈help ＋人＋動詞の原形〉で「(人)が〜するのを手伝う」。「私が本を運ぶのを手伝ってくれますか」。(4)「すみません。これはいくらですか」「確認をさせてください」の会話。

❷ (1)(4) Let me 〜. で「私に〜させてください」。(3) let の過去形は let。let のあとの動詞は原形。(5) help のあとの代名詞は目的格。

❸ (2)〈help ＋人＋動詞の原形〉を使って表すが，to を使うこともある。(3)「大雨は私を家にいさ

せた」という文を〈make ＋人＋動詞の原形〉で表す。

No. 25 まとめテスト③

❶ (1) to show (2) something, to
　 (3) what to (4) for, to
　 (5) too, to
❷ (1) want him to speak more slowly
　 (2) is too young to drive
　 (3) you help me carry it
❸ (1) I want you to come to the party.
　 (2) Let me introduce myself.

解説 ❶ (2)〈something ＋形容詞＋ to ＋動詞の原形〉の語順に注意。(3) what to 〜 で「何を〜すればよいか」。(4) It … for — to 〜. で「—が〜することは…だ」。(5) too … to 〜 で「…すぎて〜できない」。

❷ (1)「ボブは速くしゃべりすぎます。私は彼にもっとゆっくりと話してもらいたい」。(2)「私の弟は車を運転するには若すぎます」。(3)「この箱はとても重いです。これを運ぶのを手伝ってくれますか」。

❸ (1)「…に〜してもらいたい」は〈want ＋人＋ to 〜〉。(2) Let me 〜 で「(私に) 〜させてください」。「自己紹介する」は introduce myself。

No. 26 名詞を修飾するing形

❶ (1) standing (2) living (3) running
❷ (1) staying (2) playing
　 (3) children cleaning
　 (4) sleeping cat (5) girl playing
❸ (1) that girl talking with Mr. Brown
　 (2) watching soccer on TV is my brother

解説 ❶ 〈名詞＋現在分詞(動詞の ing 形)＋語句〉で，「〜している…」の意味。

❷ いずれも「〜している…」の意味で，現在分詞(動詞の ing 形)が名詞を修飾する形に。

③ (1) Who is that girl? と She is talking with Mr. Brown. を1文にした形で, girl のあとに talking ～ を続ける。(2)主語の The boy を, watching soccer on TV (テレビでサッカーを見ている) が修飾する形。

No. 27 名詞を修飾する過去分詞

① (1) taken (2) called (3) used
② (1) cooked [made] by
　(2) made in (3) written
　(4) broken chair
③ (1) stayed at a hotel built about
　(2) got a letter written in English
　(3) The picture drawn by Miki became

(解説) ① いずれも〈過去分詞＋語句〉の形で「～された，～されている」の意味を表し，後ろから前の名詞を修飾する形。(1)「これらは私の兄[弟]によって撮られた写真です」。(2)「あなたは通天閣と呼ばれる塔を知っていますか」。(3)「これは多くの国で使われているコンピューターです」。
② いずれも過去分詞を使う。(1)「私の父によって料理された夕食」で，過去分詞を使う。「～によって」は by ～。(2)「イタリアで作られた車」で，過去分詞を使う。国名の前は in を使う。(3)「～によって書かれた本」で，過去分詞。(4)過去分詞が単独で名詞を修飾する形で，このときの過去分詞は名詞の前におく。
③ (1) built は build (建てる) の過去分詞。a hotel を built about ～が後ろから修飾する形。(2) written は write (書く) の過去分詞。a letter を written in English が後ろから修飾する形。(3)「美紀によってかかれたその絵」と考える。the picture を drawn by Miki が後ろから修飾する形。

No. 28 名詞を修飾する〈主語＋動詞〉

① (1) I like (2) she gave
② (1) letter Mike wrote
　(2) I read
③ (1) anything I can do for you

(2) The girl you saw on the street is
④ (1) This is the racket I bought [got] yesterday.
　(2) The place I want to visit is Okinawa.

(解説) ①〈名詞＋主語＋動詞 ～〉の形で，〈主語＋動詞～〉が前の名詞を修飾する。
② (1)「これはマイクが書いた手紙です」。〈主語＋動詞〉が名詞のあとにくる。(2)「私がきのう読んだ本はおもしろかった」。〈主語＋動詞 ～〉が主語を説明する形。
③ (1)代名詞(anything)を I can do for you が後ろから修飾する形に。(2)主語 The girl を you saw on the street が後ろから修飾する形。
④ (1) I bought [got] ～が前の名詞 racket を修飾する。(2) I want to visit が前の名詞 place を修飾する。

No. 29 まとめテスト④

① (1) spoken (2) sitting (3) talking
　(4) written
② (1) living (2) broken by
　(3) he took
　(4) I met [saw] yesterday
③ (1) wants to buy a car made in
　(2) show me the picture your sister painted
　(3) eating the cake my mother made

(解説) ① (1)「カナダで話されている言語」で，過去分詞。(2)「ベンチにすわっている少年」で，現在分詞。(3)「エレンと話している少女」で，現在分詞。(4)「英語で書かれた本」で，過去分詞。
② (1)「～している」は現在分詞。(2)「～によってこわされた」と考えて過去分詞。
③ (1) made in Italy が a car を後ろから修飾する形。(2) the picture を〈主語＋動詞〉が後ろから修飾する形。(3) the cake を〈主語＋動詞〉が修飾す

る形。

who（主格）

❶ (1) who　(2) likes　(3) who
❷ (1) who lives　(2) who is
　　(3) who comes
❸ (1) is the man who invented the telephone
　　(2) know anyone who can speak English
❹ (1) The man who is playing tennis is my father.
　　(2) Kate is a girl who has long hair.

解説　❶ 〈先行詞（人）＋関係代名詞 who ＋動詞 ～〉の形。先行詞が「人」のとき，主格の関係代名詞は who を使う。(1)「私には中国語を話せる友達がいます」。(2) who に続く動詞の現在形は，先行詞の人称・数に合わせる。「久美は読書が好きな女の子です」。(3)「私はここに住んでいる男性を知っています」。
❷ あとの文の代名詞を関係代名詞 who にかえ，名詞(＝先行詞)のあとに続ける。(1)「私には北海道に住んでいるおじがいます」。(2)「私は健と呼ばれている少年を知っています」。(3)「ボブはアメリカから来ている[出身の]生徒です」。
❸ (1) the man を〈who ＋動詞 ～〉が修飾する形。(2) anyone を〈who ＋助動詞＋動詞 ～〉が修飾する形。
❹ (1)「テニスをしている男性」を，関係代名詞 who を使って表す。(2)「髪の長い」は，「長い髪を持っている」のように表す。

which・that（主格）

❶ (1) which　(2) that　(3) has
❷ (1) which has　(2) that was
　　(3) which goes　(4) that is
❸ (1) This is the bus that goes to
　　(2) a book which tells you about
　　(3) that are sold here are

解説　❶ 〈先行詞＋主格の関係代名詞＋動詞 ～〉の形。先行詞が「人」のときは who か that，「物」のときは which か that を使う。(1)「これは姉によって作られたケーキです」。(2)「あなたは海の近くの公園を知っていますか」。(3)主格の関係代名詞のあとに続く動詞の現在形は，先行詞の人称・数に合わせる。「それは大きな庭園のある家です」。
❷ (1)「あれは長い歴史を持つ公園です」。(2)「これは彼によって書かれた手紙です」。(3)「上野に行く列車は間もなく着きます」。(4)「健は私のよりもよい自転車を持っています」。
❸ 主格の関係代名詞を使った文。〈先行詞＋that か which ＋動詞 ～〉の語順になる。(1) the bus を先行詞にして，that の節を続ける。(2) a book を先行詞にして，which の節を続ける。(3)主語の The eggs が先行詞。そのあとに that の節がくる。

which・that（目的格）

❶ (1) which　(2) that　(3) were
　　(4) made　(5) looking for
❷ (1) which I received
　　(2) that I saw
❸ (1) one of the places that I want to visit
　　(2) which Mr. Kato told us was very interesting
　　(3) the most beautiful lake that I've ever seen

解説　❶ 目的格の関係代名詞(which, that)を使う文。(1)「これは私があなたのために買った本です」。先行詞が「物」なら which か that。(2)「あなたがパーティーで会った男性は加藤さんです」。先行詞が「人」なら that。(3)「正夫が撮った写真はとてもきれいでした」。主語となる先行詞は複数。(4)「私は父が作ったケーキを食べています」。関係代名詞のあとの〈主語＋動詞〉に目的語は不要。(5)「これが私がさがしていたペンです」。the pen が look for ～（～をさがす）の目的語になっている。

ANSWERS